PIERRE VADEBONCŒUR

Un homme attentif

PIERRE VADEBONCŒUR

Un homme attentif

INCLUANT
UN TEXTE INÉDIT
DE PIERRE
VADEBONCŒUR

PAR
PAUL-ÉMILE ROY

Méridien

Les Éditions du Méridien bénéficient du soutien financier du Conseil des Arts du Canada pour son programme de publication.

ISBN 2-89415-131-4

Conception graphique, couverture et mise en pages:

Révision linguistique : Lise Morin

Sous la direction de : Christiane Abboud

Dépôt légal—Bibliothèque nationale du Québec, 1995

Imprimé au Canada

INTRODUCTION

Ce livre n'est pas une biographie. Il présente plutôt une étude de la pensée d'un auteur qui a marqué l'évolution du Québec, et qui apporte encore aujourd'hui un éclairage remarquable sur la situation de l'homme et de la culture dans la société.

Il ne se veut ni critique, ni élogieux. Il est une introduction à une œuvre que d'aucuns trouvent difficile, et qui l'est sans aucun doute, non parce qu'elle recourrait à un langage savant et alambiqué, mais parce qu'elle est marquée au coin de la rigueur et de l'élévation de la pensée. On ne peut entrer dans l'univers secret de Vadeboncœur si on le prend à la légère, si on n'a pas le temps de s'arrêter, si on est incapable d'écouter le silence qui habite le monde autour de soi. On n'y accède pas non plus si on est insensible aux ressources infinies de la langue que l'auteur connaît et exploite avec un bonheur singulier.

Ce livre propose une lecture de Vadeboncœur, une méditation sereine sur son œuvre considérée schématiquement dans son développement chronologique. Dans ses premiers écrits, l'auteur s'intéresse surtout aux problèmes sociaux et politiques. Avec *Les deux royaumes*, et par la suite, la réflexion de l'écrivain, sans se détourner de ce qui l'avait occupée jusque-là, se porte principalement sur la culture, l'art et l'amour comme expériences vécues. Cette démarche relève plus de l'art que de la science ou de la philosophie, et renoue d'une certaine façon avec les grands moralistes français et surtout avec les représentants de la tradition spirituelle occidentale. Vadeboncœur nous fait partager « une expérience intérieure » dans laquelle, pour prendre les termes de Georges Bataille, « l'énoncé n'est rien, sinon un moyen ». Des livres comme *L'Absence* et *Le Bonheur excessif* appartiennent autant à la pensée spirituelle qu'à la littérature en ce qu'ils ouvrent une fenêtre sur l'inconnu.

On n'explique pas Vadeboncœur. On ne le critique pas non plus. On le rencontre ou on l'évite, on l'accepte ou le refuse, car sa parole est un témoignage.

Chapitre 1

Une réflexion enracinée

« *Décider d'un nouveau premier jour* »
(Indépendances)

Ce qui me fascine, chez Vadeboncœur, et j'espère que cette étude le fera bien sentir, c'est la profonde unité organique de sa réflexion. Il n'y a pas de système chez lui, pas de grande armature logique ou intellectuelle, mais plutôt une préoccupation qui persiste, étend son aire d'observation et d'expérience. En 1970, Victor-Lévy Beaulieu écrivait : « Il est peu de pensées qui chez nous, présentent une telle continuité. De *La Ligne du risque* à *La Dernière heure et la première*, il y a un cheminement en ligne droite et en creux ; Pierre Vadeboncœur n'a pas abandonné ses premières idées qui sont présentes dans chacune de ses œuvres, sans cesse approfondies et amplifiées. Tous les essais de Pierre Vadeboncœur se répondent les uns aux autres et aboutissent au même fleuve de liberté. »[1] Cette continuité, qui est une forme d'exploration et d'approfondissement, persiste jusque dans les œuvres les plus récentes. Ces dernières apportent des prolongements ou des éclaircissements sur les écrits précédents, elles les illustrent et les fondent en même temps.

C'est que Vadeboncœur n'exprime qu'une préoccupation primordiale, une intuition centrale qui regroupe tous les éléments d'une enquête illimitée, jamais achevée. Ce sujet unique et unifiant, c'est la situation de la liberté, le sort qui est fait à la dignité humaine. Dans *Indépendances* (p. 161), il affirme qu'il parle dans tout ce livre de « l'entreprise d'une liberté native ». Une liberté non pas bucolique, non pas onirique, mais une liberté qui est un acte. Quelle fraîcheur, quelle considération l'auteur n'associe-t-il pas à cette liberté qu'il dit « native », sans doute parce qu'elle a présidé à la naissance de l'homme et du monde !

---

1. V.-L. Beaulieu, « Pour saluer Pierre Vadeboncœur », *Liberté*, vol. 12, n° 4, juillet-août 1970, p. 4.
(Les notes de bas de page référant à des articles de journaux ou de revues sont complètes et ne sont pas reprises dans la bibliographie.)

La pensée de Vadeboncœur est pour une part importante, combative, polémique. Elle s'enracine sans doute dans Péguy, dont elle a la fougue, la générosité, l'insistance, la profondeur. Même quand il analyse et critique l'actualité sociale ou politique, Vadeboncœur dépasse le factuel pour rejoindre la dimension humaine, spirituelle, là où se joue le destin de l'homme. Il n'a dans cette démarche d'autre recours que l'esprit. Non pas un système de pensée, ou des dogmes, ou une orthodoxie, mais la réaction même de son esprit. C'est en ce sens qu'il écrit: «Je crois bien que mes idées sont au fond des expressions d'attitude» (*L'Autorité du peuple*, p. 13).

L'écrivain combat pour la dignité de l'homme. Pour la liberté, pour la culture. «Contre tout. Contre l'injustice…Contre les fautes de la révolution aussi, il faut bien le dire. Contre le système de la révolution, car elle engendre aussi un système.»[2] Il faut défendre l'homme contre toutes les oppressions. «Chaque parcelle de l'humain doit être protégée. Chaque geste de ce qu'on peut appeler le cœur doit être salué.»[3]

Mais la pensée de Vadeboncœur connaît aussi la sérénité. Si elle sait utiliser l'analyse rigoureuse, la force de la logique, pour défendre une idée, elle sait aussi se recueillir, s'attarder dans les sentiers de la méditation. Certains écrivent pour le plaisir de faire des phrases, d'autres pour s'exprimer. Pierre Vadeboncœur est aux antipodes du narcissisme. Sa phrase est à la recherche du sens. Elle explore un sujet, le circonscrit, portant dans ses replis des siècles de culture et d'histoire. Vadeboncœur n'est pas un rêveur. «On ne songe pas», dit-il. «Rousseau pouvait encore rêver», «l'époque exclut le romantisme» (*Indépendances*, p. 161). L'écrivain ne s'attaque pas à des chimères, mais à la réalité. Pour la comprendre? L'expliquer? Cela est impossible. Il s'agit plutôt de la saisir. «Incliner. Saisir. Ne pas nécessairement comprendre. Car il y a une connaissance superlative dans et au terme de l'appropriation proprement dite. Pour moi, la connaissance ne se trouve pas au bout de l'intelligence. Elle résulte plutôt de l'appréhension réalisée par d'autres moyens, aveugles, ressemblant au sens du tact, permettant de connaître par une sorte de contact en effet» (*Inactuels*, p. 163).

---

2. P. Vadeboncœur, «Un homme, une liberté,» *Liberté*, n° 74, vol. 12, n° 2, p. 52.

3. *Ibid.*, p. 56.

Certaines phrases de Vadeboncœur, comme celles que je viens de citer, et bien d'autres, semblent le condensé de longues années d'attention et de maturation. Cet homme n'est pas un théoricien, ni un idéologue. Qu'elle porte sur la société, l'art ou la culture, sa réflexion s'enracine sans cesse dans l'expérience. Elle se développe en marge des modes, loin de toutes les chapelles, sans le moindre souci de s'ajuster aux idées du jour. J'anticipe, mais je ne résiste pas à la tentation de citer un passage des dernières pages lumineuses d'*Indépendances* : « C'est dans le secret de l'individualité, refuge ayant la vastitude de l'âme elle-même, que l'on ira cacher l'homme porteur d'une autre nouvelle pour un surlendemain libéré » (p. 157). Et un peu plus loin : « Il nous suffit, voie royale, de sortir en nous-mêmes comme dans un parc » (p. 158). Vadeboncœur n'est pas narcissique, et pourtant je dirais que chez lui l'individu est au centre de tout. Il n'est pas individualiste non plus, au sens où il rapporterait tout à lui. L'individu est comme un noyau de consistance placé au milieu de la réalité. Pas le moindre grégarisme chez lui. Ce qui décrit le mieux la démarche de sa réflexion, c'est peut-être cette phrase de Proust : « … il n'y a qu'une manière d'écrire pour tous, c'est d'écrire sans penser à personne, pour ce qu'on a en soi d'essentiel et de profond. »[4] Car « les livres sont l'œuvre de la solitude et les enfants du silence »[5]. Écrire, ce n'est pas se replier sur soi-même. C'est se retrouver en soi pour faire passer le monde par son laboratoire intime. Ce n'est pas non plus se dissiper dans le monde extérieur. C'est encore ce que signifiait Proust quand il écrivait à la princesse Bibesco : « Rien ne m'est plus étranger que de chercher dans la sensation immédiate… la présence du bonheur. »[6] Quand j'essaie de me représenter la démarche de l'écrivain Vadeboncœur, les termes qui me viennent à l'esprit sont ceux de maturation, d'appropriation, de saisie, de lyrisme, de concentration, de jaillissement.

En 1976, Vadeboncœur recevait le Prix David décerné par la province de Québec. Victor-Lévy Beaulieu écrivait à cette occasion : « Comme les patriotes de 1837 qui avaient pensé à tout sauf à la possibilité de gagner, les membres du jury du Prix David, qui ont fait leur choix en octobre dernier,

---

4. M. Proust, *Contre Sainte-Beuve*, p. 308. (Pour les œuvres placées dans la bibliographie à la fin du livre, nous n'avons donné dans les notes de bas de page que le titre et la page du livre cité. Pour plus de précisions, le lecteur voudra bien se reporter à la bibliographie.)

5. *Ibid.*, p. 309.

6. Princesse Bibesco, *Au bal avec Marcel Proust*, p. 84.

ont été extraordinairement fidèles à la tradition nationaliste : ils ont choisi comme lauréat l'un des écrivains québécois qui représente tout ce que notre fiction a de pessimiste, de crispé (même quand il y a triomphe) et d'inquiet. Pas de ruse chez Vadeboncœur, pas de verdeur, pas de fureur, mais quelque chose de sec, un style qui n'aurait pas mal paru à Port-Royal, sans bavures, admirablement serré, à mi-chemin entre le ton du mémorialiste et du moraliste. Et tout un univers axé autour du nationalisme. Vadeboncœur, c'est la veine noire de notre fiction. »[7] D'abord, Vadeboncœur n'est pas un auteur de fiction, à ce que je sache. Même le récit *Un amour libre* ne comporte pas une grande part d'imaginaire. Je ne m'explique pas facilement qu'il exprimerait dans la démarche de l'essai ce que les romanciers expriment par la fiction. Ce n'est pas que je veuille contredire Beaulieu, mais je ne crois pas que chez Vadeboncœur tout soit axé sur le nationalisme, encore que la préoccupation nationaliste soit très importante. C'est plutôt le sort qui est fait à la liberté qui est la donnée centrale, et dont le nationalisme est un des corollaires. Les problèmes nationalistes sont en quelque sorte de l'ordre « écologique ». Il faut bien s'en occuper, mais c'est moins par intérêt pour eux que pour la liberté. Il est significatif que chez Vadeboncœur, le nationalisme soit une forme de contestation, comme nous le verrons. Et contrairement à ce que dit Beaulieu, cette contestation devient parfois colère et fureur. Je ne vois pas non plus que Vadeboncœur soit pessimiste. Critique, oui, lucide, certainement. Sa vision du monde est peut-être tragique, mais on ne peut assimiler le tragique au pessimisme. Sophocle était tragique ; était-il pessimiste ? Domenach parle du « tragique contemporain. »[8] Ne pas le voir, c'est peut-être passer à côté de la réalité. On n'est pas de Port-Royal pour autant.

Que Vadeboncœur soit un écrivain rigoureux, soigné, à mille lieues du débraillé actuel, cela est l'évidence même. « Ses belles phrases classiques et sobres… comme dit Gilles Marcotte, s'ornent souvent de bonheur d'expresssion plus éclairant que des raisonnements. »[9] Il s'est inventé une langue qui convient tout à fait à son propos d'essayiste. Il évite soigneusement l'abstraction. Il ne connaît pas les lourdeurs de la logique ou de l'argumentation. « Saisir, ne pas nécessairement comprendre », dit-il.

---

7. V. -L. Beaulieu, « Le Prix David, autopsie d'un événement manqué », *Le Devoir*, 18 déc. 1976.

8. J. -M. Domenach, *Le Retour du tragique*, p. 292.

9. G. Marcotte, « Trois essais sur le bon vieux temps », *L'Actualité*, juin 1983, p. 104.

C'est cette préoccupation d'appréhender par le contact que traduit admirablement sa phrase qui marie tout naturellement idées et émotions, souvenirs et commentaires, secrets et évidences.

Le réalisme, on le sait, est un leurre. Tout écrivain invente sa propre langue qui traduit son expérience personnelle du monde. C'est ce qui faisait dire à Proust, sans doute, que « les beaux livres sont écrits dans une sorte de langue étrangère »[10].

L'essentiel de Vadeboncœur n'est peut-être pas dans les débats politiques. Je serais porté à croire qu'il est plutôt dans des lignes châtoyantes et silencieuses comme celles-ci : « Se détourner et respirer le parfum d'une seule rose couleur de nuit : la liberté. Mais il s'agit surtout d'une liberté nouvelle et différente de celles pour lesquelles d'ordinaire on se bat : il s'agit de la liberté du moi, mais d'un moi qui représente comme jamais l'humanité réunie dans une âme » (*Indépendances*, p. 156).

---

10. M. Proust, *Contre Sainte-Beuve*, p. 305.

Chapitre 2

Aspects de la modernité

« Être homme signifie, depuis plusieurs siècles, être engagé à fond dans la bataille de l'Homme »
(La Ligne du risque)

Dans les premières œuvres de Vadeboncœur, il est beaucoup question de révolution. Elle est «l'histoire en marche». Elle est une force au sein de la société, des sociétés, des institutions, qui va transformer le monde. Ce qu'elle produira, cette révolution? ce sera plus de liberté, plus de justice. Le Vadeboncœur de cette époque aurait pu dire avec Péguy: «Nous préparons une humanité libérée.»

Cette adhésion à la révolution prend la forme d'une conviction. Elle origine d'une confiance obstinée en l'homme, au peuple qui finira par faire éclater les structures aliénantes. Notre auteur ne se réclame pas d'une idéologie, d'un système philosophique. «Le peuple se crée des instruments … syndicats, coopératives» (*L'autorité du peuple*, p. 46). Le socialisme pourrait être utile, mais il ne faut pas l'imposer. «Qu'on laisse le peuple établir ses institutions. Il dégainera la force» (*Ibid.*). C'est la vie elle-même qui finira par avoir raison de tous les obstacles.

Mais ces obstacles à la marche du mouvement révolutionnaire, à la libération de l'homme, sont nombreux, variés et très résistants. Certains nous sont particuliers à nous, du Québec et du Canada. D'autres tiennent à la société moderne occidentale.

Au Québec, vers 1960, nous sommes paralysés par une culture sclérosée, conventionnelle, apparemment religieuse mais vidée de spiritualité. «On a presque complètement étouffé la liberté spirituelle et l'on nous a réduits à cet égard à un état de mineurs démunis et sans initiative», écrit Vadeboncœur en 1962 (*La Ligne du risque*, p. 170). «Nous avons sacrifié le mouvement de l'esprit à un immobilisme» (*Ibid.*, p. 171). Et plus loin, «on avait désaffecté la liberté de l'esprit».

L'histoire est responsable pour une part de cette situation. Mais ce qui explique surtout la stagnation que nous connaissons au milieu du vingtième siècle, depuis des décennies, et même depuis plusieurs décennies, c'est le capitalisme régnant, « cette énorme machine à pourrir l'homme et la philosophie » (*L'Autorité du peuple*, p. 68). Le type meme de cette société est le bourgeois, dont Vadeboncœur brosse un portrait corrosif dans *L'Autorité du peuple*. Le bourgeois ne possède pas seulement l'argent, il est possédé par l'argent, il est possédé par l'argent qui étouffe en lui les valeurs universelles, la culture, l'intelligence. Il détient les rênes du pouvoir et empêche le peuple d'accéder à la dignité. « Le bourgeois est un traître. Il suffit d'avoir observé la politique de son pays pour s'en être rendu compte. Le bourgeois circule comme un véhicule allège, sans charge, donc sans destination. Non seulement a-t-il orienté la civilisation vers l'objet, mais il a produit une politique privée de sens, une politique dans laquelle le peuple n'a pas de recours » (*L'Autorité du peuple*, p. 24). Il est opposé, évidemment, à la « révolution », car « jamais il ne pense peuple, jamais il ne pense histoire » (*Ibid.* , p. 28). La société pour lui n'est pas composée d'hommes, mais d'une « matière anonyme et générale » qu'il appelle le peuple, et d'individus clairsemés qu'il connaît par leurs noms et prénoms. Mais tout cela ne forme pas une communauté, une solidarité. Il s'agit plutôt d'une « masse indifférente et indifférenciée » (*Ibid.* p. 33) qui représente une humanité bien diminuée.

Le pouvoir déshumanisant du capitalisme est tellement fort qu'il a réussi à paralyser ou affaiblir une force révolutionnaire qui était née au XIXe siècle, le syndicalisme. Dans son étude sur le syndicalisme américain reprise dans *La Ligne du risque*, Vadeboncœur a montré que ce syndicalisme a perdu sa force révolutionnaire pour devenir une institution au service du capitalisme. Au lieu de défier le capitalisme, il lui fournit des bases. Il ne travaille pas à inventer une nouvelle société, il fait le jeu de la démocratie américaine qui est en fait une ploutocratie. « Il est, écrit Vadeboncœur, comme un phénomène nouveau, imprévu, sans culture, inconscient du passé, comme tout ce qui existe en Amérique du Nord » (*La Ligne du risque*, p. 100).

Le syndicalisme reste pourtant, pour Vadeboncœur, une force démocratique réelle, qu'on ne réussit pas à domestiquer. Il écrit en 1967 : « Le syndicalisme est occupation démocratique latente, mais réelle. Il s'y fait réellement, malgré tout, des opérations d'organisation, de critique collective, de contestation commune» (*Lettres et colères*, p. 23). Les institutions syndicales sont près de la réalité, «profondément fichées dans le sol» et entretiennent une attitude critique face au pouvoir politique qui «est le produit d'un jeu et le résultat du fonctionnement d'un simple mécanisme» (*Ibid.*, p. 33).

Dès ses premiers écrits, Vadeboncœur aborde le monde moderne de façon critique, au nom d'une conception très noble de l'homme et de la culture. Il revient sur le sujet dans plusieurs articles et d'une manière ou de l'autre dans à peu près chacun de ses livres, et spécialement dans *Indépendances* et dans *Les deux royaumes*.

L'idée centrale d'*Indépendances*, c'est que notre époque a «installé des *mécanismes de réalité rationnelle* qui agissent maintenant d'une manière autonome et directe sur l'histoire» (*Indépendances*, p. 14). La société est un ensemble de forces plutôt que de libertés. Le savoir et la logique fonctionnent pour les systèmes et non pour la liberté. «Il n'y eut jamais d'époque où tant de politiques et de sciences aient menacé l'homme d'un embarquement aussi funeste et aussi difficile à éviter ... La force a déjà concouru avec le caprice et la cupidité pour tyranniser les hommes ou les faire déchoir; mais voici venu le temps où elle concourt avec la logique et le savoir. Les systèmes sont des chemins d'histoire rigides» (*Ibid.*, p. 14) «La vie est, au sens large, plus politique qu'elle ne l'a jamais été, et plus de volontés que jamais, peut-être, sont employées à l'histoire, mises au service de systèmes de causes extrêmement autonomes, rigides, et aidées par des moyens plus puissants que jamais» (*Ibid.*, p. 20).

Les volontés sont en quelque sorte enrégimentées dans des forces figées qui s'opposent et construisent un monde de conflits inextricables. L'intelligence elle-même est dressée par des méthodes, et les disciplines tendent à «monopoliser l'univers pensant» (*Ibid.*, p. 21). Vadeboncœur rejoint ici Domenach qui écrivait: «Trop de gens prennent des systèmes comme on prend des tranquillisants.»[11]

On comprend dès lors que dans ce monde où l'homme est devenu une «machine à fabriquer», la raison est récupérée par le système, elle est

---

11.   J. -M. Domenach, *Le Retour du tragique*, p. 283.

annexée par l'ordre établi, et «l'absolutisme des choses» est cautionné par le libéralisme lui-même (*Indépendances*, p. 84). Le champ de liberté se rétrécit, l'âme ne respire plus, nous assistons à une sorte de «réification de l'homme», la culture est remplacée par un ensemble d'automatismes (*Ibid.*, p. 93), ou si l'on veut, «le culturel» est remplacé par «le fonctionnel» (*Les deux royaumes*, p. 187).

Cette culture moderne, ou cette civilisation moderne qu'analyse Vadeboncœur, n'est pas un produit des dernières décennies, elle n'est pas ce qu'on pourrait appeler la culture technologique. Elle remonte à deux ou trois siècles. L'ère technologique n'est que le dernier moment d'une longue évolution. Le fonctionnalisme, qui exprime la primauté du système économique ou institutionnel sur l'homme a deux siècles (*Indépendances*, p. 88). Cette notion correspond à celle de «la domination de la raison instrumentale» de Charles Taylor, par exemple, qui la fait remonter au XVIIᵉ siècle[12], à Descartes. On est donc, avec Vadeboncœur, au cœur du débat sur la modernité. Je ne relèverai ici que quelques aspects de ce débat pour en souligner la complexité et pour mieux faire comprendre la démarche d'écrivain de Vadeboncœur depuis *Les deux royaumes*.

༼ঔৣ༽

Vadeboncœur n'a pas défini de façon précise ce qu'est la modernité, à ce que je sache. Il en a beaucoup parlé cependant et on peut en dégager, à partir des considérations que nous venons de formuler, une notion très riche.

Cette modernité s'articule autour de deux forces, ou de deux ordres de réalité qui s'opposent et confèrent à l'existence un caractère dialectique ou dramatique.

Un premier élément de la modernité, dynamique celui-là, est la révolution démocratique qui tente de s'affirmer et de s'épanouir. Elle se produit au nom de la liberté et de la dignité humaine. La Révolution française était pour Vadeboncœur, et elle l'est probablement encore, l'objet d'une grande vénération. Elle est «la révolution par excellence, celle qui, dans une perspective de siècles, combattit sans doute un ordre donné mais posa un

---

12. C. Taylor, *Grandeur et misère de la modernité*, p. 15, 117.

principe permanent de désaliénation et de lutte contre l'oppression sociale sous toutes ses formes » (*Indépendances*, p. 79). Il y aurait donc dans la société moderne une force de libération de l'homme dont la Révolution française serait le moteur.

Le second élément de la modernité est une force qui tend à faire de l'homme une « machine à fabriquer », qui tend à le soumettre à la domination des objets, à le rendre objet lui-même, à l'engager dans « un énorme assemblage de systèmes » qui le broie en quelque sorte. La modernité cette fois, c'est l'aliénation de l'homme au « social », aux institutions, ou aux divers mécanismes de la société.

D'où viennent ces deux forces opposées ? La révolution, le besoin de nouveau, de jeunesse, de liberté vient du cœur même de l'homme. Comme l'aurait dit Péguy, la révolution est une opération de vie, une « opération qui fonde ». Travailler à faire la révolution, c'est préparer des « hommes qui soient libres de toute servitude ». La révolution française a été un moment politique de l'histoire de la révolution mais la vraie révolution est là où existe un homme libre.

Il est plus difficile de décrire l'origine de l'autre force, celle qui s'oppose à la liberté de l'homme dans le monde moderne. On pourrait dire que Vadeboncœur cherche moins à expliquer les causes philosophiques ou historiques de cette perte d'humanité que d'en décrire les effets. On peut parler de deux causes, ou de deux aspects d'une même cause. L'asservissement de l'homme à des mécanismes extérieurs à lui ou à la « raison instrumentale » viendrait du recul de la « métaphysique » (Nous en reparlerons au chapitre suivant.) Il viendrait aussi, et surtout peut-être, du développement de la société de production axée sur le profit et soumettant l'homme à ses impératifs. Cette société est « déterminée à tous les niveaux par la nécessité ou par l'appât du gain » (*L'Autorité du peuple,* p. 70). L'argent concentre sur lui tous les intérêts. « Les valeurs en ont été quittes pour s'amuser ailleurs. » La logique de cette société se développe en un système de rouages qui réduit l'homme à l'état de matière. « Nous vivons une vie de tous les jours et nous ignorons que ce à quoi nous avons affaire, terriblement, dans l'instant même, mais par quelque côté si partiel que le tout s'en trouve dissimulé à notre conscience, c'est la mécanique ignoble, sans mémoire, sans compréhension, collée sur nous, qui détruit l'individu dans un homme et cet homme dans l'humanité, et qui ruine, par son empire sur l'âme humaine qu'elle viole constamment, la fraîche liberté qui fait germer les poésies, les mystiques, les choix, les préférences, les nations» (*Indépendances*, p. 51-52).

Telle est donc la modernité chez Vadeboncœur : l'homme a conscience qu'il ne peut se réaliser que dans la liberté créatrice, mais la civilisation à laquelle il appartient tend à étouffer son épanouissement. Quand on lit certaines pages électrisantes d'*Indépendances* ou des *Deux royaumes*, on ne peut s'empêcher de penser au *1984* de George Orwell ou au *Meilleur des mondes* de Huxley. Cette réflexion se situe dans un contexte critique occidental qui s'est maintenu depuis Pascal, Rousseau, jusqu'à Péguy, Allan Bloom et je ne sais combien d'autres auteurs. Tocqueville a montré comment l'argent était au centre de tout, dans la société américaine du XIXe siècle, et entraînait un désintéressement pour les idées, une uniformisation de la vie sociale et la perte de l'indépendance individuelle. On trouve là, pour une part, le principe de la critique de Vadeboncœur.

Charles Taylor, dans *Grandeur et misère de la modernité*, adopte des positions qui à première vue sont très éloignées de celles de Vadeboncœur, mais qui les recoupent si on y regarde de près.

Ce qui est au cœur de la culture moderne, pour Taylor, c'est un idéal d'authenticité qui prend origine dans la pensée du XVIIe siècle. Cet idéal d'authenticité est mis à l'épreuve par les formes culturelles égocentriques et narcissiques, mais il reste valable, et c'est, d'après lui, ce que Bloom n'a pas compris. Il est aussi menacé par la domination de la raison instrumentale qui s'impose de plus en plus à «notre société bureaucratique et technocratique», ce qui nous amène à voir nos communautés humaines dans une perspective instrumentale. Taylor affirme que si la société moderne est une «cage de fer», celle-ci n'est pas une fatalité et l'homme qui y vit peut sauvegarder sa liberté. Il affirme encore que «la seule force qui peut faire reculer l'hégémonie galopante de la raison instrumentale est un vaste mouvement démocratique»[13]. Mais, répondrait Vadeboncœur, la démocratie elle-même est conditionnée par la mécanique sociale, et est donc incapable de créer des conditions faborables au développement de la liberté. C'est aussi ce que pensait Herbert Marcuse qui écrivait :

---

13. C. Taylor, *Op. cit.*, p. 139, 78.

« La rationalité technologique révèle son caractère politique en même temps qu'elle devient le grand véhicule de la plus parfaite domination, en créant un univers vraiment totalitaire dans lequel la société et la nature, l'esprit et le corps sont gardés dans un état de mobilisation permanent pour défendre cet univers. »[14] Pour Marcuse, jamais la domination de la société sur l'individu n'a été aussi grande qu'à notre époque technologique. Il est clair que pour Vadeboncœur, la situation de l'homme dans la civilisation technologique est problématique. Nous verrons quelles voies s'ouvrent à la liberté, mais il nous faut auparavant examiner une autre facette de la modernité.

---

14. H. Marcuse, *L'Homme unidimensionnel*, p. 46-47.

Chapitre 3

Le scepticisme moderne

« *Pour le scepticisme le bien n'existe pas* »
(*L'Autorité du peuple*)

En 1965, Vadeboncœur écrit : « Cette civilisation…par son côté spéculatif, est celle d'un doute sans fond » (*L'Autorité du peuple*, p. 74). Dans *Les deux royaumes*, et ailleurs, il parle de « notre époque de scepticisme ». Cette notion de scepticisme à laquelle il recourt pour qualifier certains aspects de la modernité mérite qu'on s'y arrête.

C'est dans *L'Autorité du peuple* que le sujet est traité de la façon la plus développée, dans un chapitre au titre à première vue insolite mais à la réflexion judicieux, « Capitalisme et scepticisme ».

Le scepticisme, pour Pierre Vadeboncœur, est inséparable du capitalisme, car ce qui guide ce dernier c'est l'intérêt, non le bien auquel justement le scepticisme renonce. En éliminant le bien de son champ de préoccupation, le sceptique écarte les valeurs. Il se prête à une « interrogation sans fin ». En se détournant de l'idée de bien, il renonce à une saisie de l'être qui le ravirait et l'arracherait à ses hésitations. Au fond, le sceptique ne peut se consacrer à ce qui n'est pas à sa mesure, et s'accommode de ses propres limites. Il n'accepte que le monde auquel lui donne accès la raison. C'est un rationaliste, un précurseur de ce que Marcuse appellera plus tard « la rationalité technologique », celle d'un monde complètement assujetti au pouvoir de la « raison opérationnelle. »

Le non-sceptique adhère au bien, à des valeurs, à la vie, il prend parti et agit en conséquence. Il privilégie l'idée de perfection, l'idée de sagesse, la poursuite d'un idéal qu'il ne « révoque pas en doute » et qui mobilise toutes les ressources de la personnalité. La mentalité non-sceptique que Vadeboncœur appelle aussi la mentalité classique, se caractérise par une adhésion globale à l'être, une affirmation ; elle se fixe dans une « certitude » dont elle « ne cessera par la suite d'utiliser les révélations ».

Le scepticisme a fait son apparition au début de l'époque moderne. L'auteur nous parle de « ce doute immense qui a suivi la chute des croyances religieuses dans toute l'Europe » (*L'Autorité du peuple*, p. 65). Un doute qui ne cesse d'habiter la conscience moderne et qui explique peut-être son inaptitude à fonder un ordre plus en accord avec les réclamations profondes de l'homme.

Car ce n'est pas seulement la religion qui a « fait les frais de ce congédiement de la divination » (*Les deux royaumes*, p. 171). C'est l'homme, c'est la culture. « C'est l'ineffable des hommes, celui du peuple, celui du passé, celui de l'héritage, celui de la vie, celui du pays, celui aussi, par excellence de l'esprit ; celui de l'au-delà de tout, de chaque visage, de la nation et de toutes les vérités trahies par défaut de voir qu'elles existent par-delà la portée simple du regard » (*Ibid.*, p. 171). Je pense bien que nous sommes ici encore une fois au centre de la pensée de Vadeboncœur. Ici s'exprime une préoccupation fondamentale sur le sens de la vie, de la culture, de l'existence de l'homme dans le monde. Une part de la réalité, la plus importante, est ineffable, elle est irréductible à nos conceptualisations. Et c'est celle-là justement que la conscience moderne ignore. Un sceptique moderne disait « qu'il n'avait jamais trouvé l'âme au bout de son scalpel » (*Indépendances*, p. 101). Et comment l'aurait-il trouvé puisqu'elle n'est pas saisissable par des lois, par des outils, par des techniques. Et c'est pourquoi on a banni jusqu'au mot qui la désigne ; mais Vadeboncœur parle sans cesse de l'âme, comme de la réalité la plus précieuse.

« L'appauvrissement d'une foi, dans la conscience d'un peuple, est un malheur difficilement compensable », écrit Vadeboncœur en 1955 (*La Ligne du risque,* p. 31). C'est que la foi devient alors une sorte de conformisme, « une adhésion collective plus ou moins conventionnelle », en réalité une forme de scepticisme pratique entraînant la sclérose de toutes les forces vivantes que suscitait et alimentait la foi active. Comme si la vie se retirait d'un organisme malade. « Il n'y a plus certitude, mais scepticisme pratique ; plus émotion et désir, mais volonté plus ou moins contrainte ; plus engagement, mais individualisme et intérêt ; plus grandeur, plus zèle, plus passion, plus enthousiasme au service d'un but, mépris de soi, contemplation du principe, énergie irrépressible, ni joie dominante sur tous les états, mais autre chose, qui gouverne désormais le domaine que la foi est pourtant appelée, par la structure de l'âme humaine, à occuper en souveraine maîtresse » (*Ibid.*, p. 31-32). Ces lignes décrivent la physionomie religieuse du Québec vers 1950, mais elles valent tout autant pour toute société d'où la « foi » s'est retirée, et sont annonciatrices de la société de la fin du vingtième siècle qui « bafoue sans cesse le sacré qu'on porte en soi » (*Les deux royaumes*, p. 190).

Le scepticisme a entraîné « la suppression du mystère métaphysique » (*Ibid.*, p. 168), à moins qu'il n'en procède. L'effet est le même. Écartées sont « les exigences toutes humaines de l'âme ». Le mystère est aboli. « Il n'y a plus de culte. Il n'y a plus de substance infiniment digne. Nous sommes les découvreurs de la bassesse métaphysique » (*Ibid.*, p. 168-169). « L'espace spirituel » nous est devenu inaccessible. « L'essentiel est presque toujours perçu soit comme inexistant, soit comme superflu » (*Ibid.*, p. 170). L'homme moderne est un être traqué, privé d'intériorité, démuni de toute mystique, « réduit à l'état de chose », pour prendre les mots de Marcuse. [15]

On peut se demander si le scepticisme est la cause ou l'effet de la domination de la rationalité technique sur l'homme moderne. Vadeboncœur le voit certes comme cause, mais une cause non absolue. Il s'agit plutôt d'un phénomène de concomitance, de deux faits de civilisation qui se conjuguent, s'influencent l'un l'autre.

La démocratie des années 60-70, par exemple, est jugée sévèrement par Vadeboncœur. « Nous vivons sous une corruption spécifique et stable de la démocratie » (*Lettres et colères*, p. 35). C'est que le pouvoir qu'on dit démocratique, « est le produit d'un jeu, le résultat du fonctionnement d'un simple mécanisme » (*Ibid.*, p. 33). Par ailleurs, le scepticisme moderne entraîne l'activisme, c'est-à-dire une action qui ne se préoccupe pas suffisamment d'humanisme, voire de métaphysique, on pourrait dire : une action qui s'est comme « substituée à la pensée ». C'est même dans cette perspective, qu'il faut situer la tyrannie du parti qui est le signe d'une déperdition du bon fonctionnement de la démocratie (*L'Autorité du peuple*, p. 75-76).

---

15. *Op. cit.*, p. 63.

« Un effet paradoxal » du scepticisme est « la crédulité moderne ».
Vadeboncœur parle de « la suffisance des philosophes » et des moralistes
« venus après la période de la grande foi ». Cette suffisance s'est peu à peu
traduite dans l'esprit moderne, « par une présomption peut-être sans
exemple, l'un des ridicules les plus prononcés mais les plus inaperçus de
notre temps » (*Indépendances*, p. 138). Crédulité, suffisance, complaisance, trois facettes d'une même mentalité faite de confiance en soi, de
satisfaction béate face à ses prouesses intellectuelles, à ses découvertes.
L'homme occidental est tellement superficiel, tellement aveuglé,
tellement inconscient du mystère, qu'il se laisse séduire par la nouveauté,
et finit même par « s'identifier corps et âme à sa dernière production »,
ce qui est le terme suprême du progrès de l'insignifiance (*Ibid.*, p. 140).

Cette déperdition est la conséquence logique du déclin de l'influence
du christianisme sur la société. Le christianisme constituait « un système de
valeurs profondément fixé dans la pensée populaire par les dogmes ».
Ceux-ci contribuaient à rassembler toute la réalité, et « comme des clous »
tenaient ensemble tout le système. L'esprit était appelé à la méditation sur
des vérités qui le dépassaient, il était sans cesse tenu de s'ajuster à un
ensemble de vérités, « un ordre de vertus, sur lesquels il s'employait sans
relâche à concentrer l'attention » (*L'Autorité du peuple*, p. 76). Le christianisme donnait des bases à la société, comme aussi à la réflexion.
Il enracinait l'esprit dans l'ineffable, le gardait de la futilité et de la séduc-
tion de l'éphémère. Il imposait en quelque sorte la préoccupation du sens et
entretenait l'humilité, dans l'attente de la révélation de ce qui dépasse
l'homme et sa raison qui était sans cesse rappelée à sa grandeur et aussi à
ses limites.

Jean-Marie Domenach désigne « le progrès des Lumières, » comme
« le grand mouvement qui, à partir du XVIIIe siècle, jette bas les hiérarchies suspendues au ciel et dissipe le mystère où baignaient institutions ou
croyances »[16]. Ce grand mouvement entraîne une dérive qui fait assez
penser au « scepticisme » de Vadeboncœur. Nous en arrivons, au vingtième
siècle à « la fin des idéologies, qui complète aujourd'hui l'apothéose du
non-sens. » Il entend par là « l'engloutissement des significations sous la
prolifération des choses et des mots »[17]. Taylor croit reconnaître dans la

---

16. J.-M. Domenach, *Le Retour du tragique*, p. 65.
17. *Ibid.*, p. 238.

civilisation occidentale, « un mouvement de la "grande" culture vers une sorte de nihilisme, de négation de tous les horizons de sens, qui sévit depuis un siècle et demi »[18].

Allan Bloom voit dans la cessation de la fréquentation de la Bible une des causes de la crise de la culture américaine. La connaissance et la pratique continuelle de la Bible, à l'église et dans la famille, donnaient autrefois à la vie de famille « un contenu substantiel. » L'imagination était alimentée par des images qui la nourrissaient et l'élevaient. Mais « avec la disparition progressive et inévitable de la Bible, l'idée même du Livre total et la possibilité et la nécessité d'une explication du monde sont en train de disparaître également »[19].

Pour Bloom, comme pour Taylor, Domenach, et George Steiner, la modernité nie, supprime ou tend à supprimer tout ce qui est au-delà de la rationalité. La culture moderne renferme l'homme dans la cage rigide de la mécanique sociale, lui refusant l'accès à la transcendance. Le scepticisme a fait son œuvre.

---

18. C. Taylor. *Op. cit.*, p. 79.

19. A. Bloom, *L'Âme désarmée*, essai sur le déclin de la culture générale, p. 61.

Chapitre 4

La révolution
en marche

« Seul, en définitive, l'imprévu arrive »
(Indépendances)

Dans les années 60, Vadeboncœur croit que la révolution est en marche, qu'elle va faire éclater cet « énorme assemblage de systèmes, toujours plus raffinés et plus exacts », qui « happe l'humanité dans l'engrenage de ses logiques » (*Indépendances*, p. 19).

Cette révolution n'est pas d'abord un phénomène politique. Elle est causée et alimentée par le besoin d'indépendance qui est inné en l'homme, et qui le pousse à protester contre toutes les forces de conditionnement qui s'exercent sur lui. Elle poursuit certes la libération des servitudes sociales et matérielles, mais son objectif principal est « une liberté de l'esprit plus grande encore qu'elle ne le fut jamais » (*L'Autorité du peuple*, p. 83). Cette conception de la révolution se rapproche de celle de Péguy qui, selon Robert Burac, est « un ressourcement, une reprise de sève par-dessus une rupture, suivant un processus purement organique »[20]. Pour Péguy, dit de son côté Jean Roussel, la révolution est « de l'ordre de la jeunesse car elle appartient à l'ordre du nouveau. Elle aboutit implicitement à une remontée de la métaphysique dans l'histoire, à une replongée de l'histoire dans la métaphysique »[21]. Pour revenir à l'idée que nous avons développée au chapitre précédent, on peut affirmer qu'elle est une victoire sur le « scepticisme ». Le révolutionnaire est un non-sceptique parce qu'en se consacrant à une cause, il trouve une raison suffisante de vivre, d'agir, il poursuit un « bien » qui dépasse son intérêt particulier. La révolution, pour Vadeboncœur comme pour Péguy, est une force explosive à l'œuvre dans l'histoire. Une force menacée, pourtant, et au moment où Vadeboncœur annonce son avènement, il exprime aussi sa crainte, dans *Indépendances* par exemple, qu'elle ne soit étouffée, anéantie.

---

20. Robert Burac, « Le Mythe de Péguy », *Le Magazine littéraire*, n° 305, déc. 1992, p. 42.
21. Jean Roussel, *Péguy*, p. 39.

C'est sur la forme que prend la force révolutionnaire que je veux insister ici car l'analyse de Vadeboncœur sur ce point spécialement, me semble originale, et annonce l'orientation que sa pensée prendra par la suite. Au fond, c'est la même orientation qui se poursuivra mais dans des sphères différentes.

Ce qui caractérise la poussée révolutionnaire qui se manifeste dans la société au vingtième siècle, c'est qu'elle ne s'appuie pas sur une idée, ni sur une idéologie, ni sur un système, mais sur la vie même. Comme si on avait poussé à l'extrême limite la capacité de la vie d'encaisser des pressions, de subir des restrictions, des dressages, et qu'on la forçait en quelque sorte à réagir pour ne pas étouffer. La super-organisation, la systématisation poussée à l'extrême, produit exactement son contraire, c'est-à-dire l'anarchie. Ou, si l'on veut, la systématisation totale est anarchiste dans son principe, parce qu'elle nie ou écrase la spontanéité de la vie. Elle autorise et provoque, en quelque sorte, par son abus même, la revanche de la vie.

En réalité, ce n'est pas de révolution qu'il faut parler, mais de contestation, comme le fait Vadeboncœur. En effet, la force révolutionnaire qui se manifeste, s'oppose non seulement au capitalisme, mais aussi au socialisme, à tout système, à la révolution organisée, à l'organisation bureaucratique, à la raison elle-même. Notre époque a « installé des mécanismes de réalité rationnelle qui agissent maintenant d'une manière autonome et directe sur l'histoire » (*Indépendances*, p. 14). Ce sont ces mécanismes rigides que la contestation veut faire éclater, « dans une sorte d'aveuglement ou de voyance » (*Ibid.*, p. 14). Personne n'est moins rationaliste que Vadeboncœur. Cet homme n'est rien moins que positiviste. Ce qu'il voit, dans la conjoncture nouvelle, ce n'est pas la protestation de la raison contre la société, c'est la rupture même de « la chaîne des raisons » (*Ibid.*, p. 22). C'est l'affirmation du « fait » contre « tout système existant ». Vadeboncœur ne fait pas l'étude des structures de la société, il n'analyse pas la société, il observe, il constate que la vie livre un combat contre toutes les formes d'oppression. Ou plutôt qu'elle se met à fructifier en marge des grandes organisations, et contre elles. La société existe, avec ses raisons, sa bureaucratie, ses systèmes. La contestation est un fait face à tout cela. Elle ne discute pas. Elle ne raisonne pas. Elle n'apporte pas d'explication. Elle est autre chose. Elle « saute hors des rails » (*Indépendances*, p. 22). Elle ne répond pas aux raisons. « Il s'agit de montrer, par un fait, que la réalité est ailleurs, ou plutôt de commencer le règne de cette réalité à venir. »

Les manifestations de cette protestation de la vie contre les puissances aliénantes de la société moderne sont innombrables. L'indépendantisme québécois est l'une d'entre elles, et j'y reviendrai au chapitre suivant.

Mais il faut parler de tous ces mouvements de contestation qui s'élèvent vers le milieu du siècle : les mouvements de décolonisation un peu partout dans le monde, les révolutions en Amérique latine, le soulèvement des Noirs aux États-Unis, la révolte pacifique de Gandhi contre l'Empire britannique, le mouvement étudiant en France, aux États-Unis et dans le monde à partir de 1968, les protestations dans les rues de Saint-Léonard et ailleurs, etc.

Vadeboncœur fait remarquer que « plusieurs des principales attitudes intellectuelles observées dans le monde occidental depuis quelque cinquante ans ont un certain désengagement à l'égard des systèmes, comme s'il s'agissait non pas tant d'opérer une révolution, c'est-à-dire de remplacer un ordre ancien par un ordre nouveau, que de se déprendre des mécanismes sociaux, politiques, culturels » (*Indépendances*, p. 35 - 36). Et il donne des exemples : le surréalisme, l'existentialisme, le dadaïsme, l'automatisme. D'autres phénomènes semblent exprimer l'autonomie du moi : une plus grande liberté dans la manière de se vêtir, l'avènement des hippies, etc. « On se hâte vers la vie. On tourne le dos à tout ce qui se proposait comme raisonnable et qui était mortel. » Vadeboncœur voit les actes et les dérèglements des Beatniks comme « des faits dérogatoires » (*Ibid.*, p. 92). La jeunesse tente d'échapper à une culture, à une façon de vivre, aux automatismes que lui impose la société.

C'est une véritable révolution culturelle qui se produit alors, très différente de celle de Mao car elle n'est pas politique. Elle est d'ailleurs sans chef et sans doctrine (*Ibid.*, p. 77). Elle est faite par des individus qui finissent par former des foules considérables. Des individus qui sont portés par un même besoin irrationnel, avec « la sûreté de l'instinct » (*Ibid.*, p. 87) et l'obstination de « la folie ».

Contre un ordre établi, la raison ne peut rien. Elle est vite annexée, récupérée. D'ailleurs, elle fait elle-même partie du système. « Dans une société donnée, la raison est incarnée. On croit discuter avec la raison, on discute avec un système. La raison en ce sens, c'est l'ordre établi qui argumente, ce n'est pas la raison » (*Ibid.*, p. 86). C'est pourquoi d'ailleurs les contestataires sont peu diserts. Ils n'ont pas de raison à donner. Ils laissent parler les faits. Ou les faits parlent à travers eux.

C'est un « spectacle étonnant » que nous offre la société du milieu du siècle. L'homme allait être happé par la mécanique sociale, mais voilà qu'il réagit instinctivement et refuse globalement ce monde qui nie sa liberté. « Voici l'anarchie considérée comme un pôle de salut » (*Ibid.*, p. 99). Plutôt que de servir un système dégradant, refuser de servir. « Nier même qu'il faille servir. » La situation nouvelle met en balance « toute la liberté contre n'importe quel programme ». Des hommes refusent tout programme et choisissent la liberté.

Choisir la liberté, revenir à son âme qu'on ne connaît pas, cela ne va pas sans difficulté. Cela se fait dans le désordre, « puisque l'ordre même est asservi » (*Ibid.*, p. 100). Il était inévitable que cette « révolution intérieure commence par toutes sortes de dérèglements ». Le contestataire, menacé par le déterminisme des forces sociales, réagit violemment à toutes sortes d'aliénations. Il rejette en bloc la société et avec elle tout ce qui est « valeurs, mode de vie, morale, devoirs, Églises, gouvernements, hiérarchies, structures, travail » (*Ibid.*, p. 101). La crise de confiance est totale. Tout se passe comme si l'homme contestataire se débarrassait de ses vêtements culturels pour se retrouver démuni dans une situation pour laquelle il n'est pas préparé.

Les jeunes spécialement risquent d'être gravement blessés dans cette aventure de la nouvelle libération. Il n'y a pas d'enseignement qui puisse les guider « vers le jour qu'ils espèrent. Ils se sont livrés à de dangereux maîtres, leurs sens, leur poésie, avant même de connaître » (*Ibid.*, p. 102). Ils essaient de refaire le monde en marge de la société qu'ils contestent. Mais réussiront-ils cet exploit ?

D'autant plus que la situation se complique. Cette réalité nouvelle remet en question celle qui occupe la place. Elle la menace par sa seule présence. L'ordre établi comprend qu'il ne peut réfuter des faits par la raison. La contestation vise la civilisation plus que la politique, mais le pouvoir et la civilisation sont liés, «comme Égisthe et Clytemnestre». Si vous contestez la civilisation, vous attaquez le politique, il la défend, il se défend. Il écrase par la force des volontés d'être qui tentaient de s'affirmer. Il va arrêter cette anarchie qui se répand dans la société comme une gangrène. Il va écraser toutes ces manifestations de liberté qui prophétisent contre lui. «La police interviendra contre les fous. C'est une histoire connue: Socrate, Jésus-Christ» (Ibid., p. 87).

La crise d'octobre éclate. La répression est accablante. Le système saisit l'occasion de se venger. Il trouve des raisons de s'imposer de façon encore plus catégorique. Le mouvement de contestation est arrêté dans son élan. Des expériences amorcées, des projets caressés sont anéantis. La contestation, par exemple, opposait à la culture établie une inculture qui était une protestation, non un achèvement. Le processus était dangereux mais en existait-il d'autres? Pour qu'il ne devienne pas fatal, pour qu'il débouche sur la libération, il aurait fallu qu'il aille jusqu'au bout de son impulsion, afin que sa signification se dégage. Or la répression a tué le mouvement dans son élan, elle lui a coupé les ailes, elle l'a condamné à végéter dans l'inculture.

À ceux qui n'acceptaient pas cette déperdition, il restait une issue, le repli sur le moi, le retrait «dans la totalité du moi» (*Ibid.*, p. 129). C'était une manière de se sauver, une manière aussi de résister au totalitarisme de la société. De le nier, de le contester. En un sens, on n'a pas réussi à tuer la contestation, on l'a forcée à se faire plus discrète, à se replier sur sa source. «C'est dans le secret de l'individualité, refuge ayant la vastitude de l'âme elle-même, que l'on ira cacher l'homme porteur d'une autre nouvelle pour un surlendemain libéré» (*Ibid.*, p. 157).

L'homme moderne est-il prêt à relever le défi, à mener cette lutte jusqu'au bout? Il est vrai qu'il a perdu le sens de l'héroïsme, le «grand lyrisme de l'honneur». Il est radicalement «impréparé». Deux siècles de «scepticisme» l'ont dégradé et rendu presque insensible aux appels de la liberté souveraine.

Pourtant bien des modernes ont fait le choix de la nuit. Ils ont pris «le maquis de l'esprit» (*Ibid.*, p. 175). Ils refusent de pactiser avec le siècle. Vadeboncœur est de leur compagnie. Il avait d'abord analysé le mouvement de la contestation, il l'avait observé, soupesé, jaugé. Il passe maintenant de son côté. Il veut s'affranchir. «Il nous suffit, voie royale, de sortir en nous-mêmes comme dans un parc » (*Ibid.*, p. 158). « On se retrouve alors dans la condition de l'évadé, homme deux fois libre, ressemblant à l'image que la tradition québécoise nous à léguée de l'homme des bois, figure entière, modèle de l'intègre insoumis. Il suffisait autrefois de partir » (*Ibid.*, p. 159).

Il faut lire *Indépendances* presque comme un poème. Cet écrit relève plus de l'art que de la philosophie ou de l'essai. Le lyrisme est ici le support de la pensée et c'est pourquoi le texte progresse dans plusieurs sens à la fois, revient sur lui-même, reprend les mêmes thèmes, les approfondit, les agence selon un rythme qui ressemble à celui d'une symphonie. Des images fortes et séduisantes retiennent l'esprit du lecteur. Nous venons d'évoquer « l'homme des bois ». Il est question de « voie royale », de « sortie en soi-même comme dans un parc », de « rose couleur de nuit », de « nuit de l'humain », etc. Et d'ailleurs, la démarche qui est préconisée relève plus de l'art que de la science : « Plutôt des pensées fumeuses et chaotiques que des données d'ordinateurs. Plutôt différer les échéances que de les arrêter. Plutôt la poésie » (*Ibid.*, p. 155). Et encore : « Vivre sera comme de conserver de l'eau dans un désert » (*Ibid.*, p. 177). On croirait entendre Saint-Exupéry. Et quand il affirme que la réalité est ailleurs, on pense à Rimbaud…

Il est important de noter ces observations pour apprécier la portée des développements de Vadeboncœur. On l'a parfois accusé de penser contre la société moderne, contre le Québec. Certes, il dénonce les méfaits de la société moderne au nom de la liberté. La contestation est une dénonciation. Elle est en même temps et surtout un fait, une affirmation. « On ne saurait s'opposer plus diamétralement à un ordre qu'en s'y opposant par le simple fait d'être, dans l'absolu du singulier » (*Ibid.*, p. 128). La contestation affirme quelque chose d'autre. Mais surtout, il faut nous rappeler que ces considérations, d'ailleurs souvent prophétiques, sont portées par un discours qui est de l'ordre de l'art ; il ne faut pas sous-évaluer la part de non-dit qu'il contient, son caractère inachevé, inchoatif ; il ne faut pas se fermer à ce qu'il annonce. L'art ne dit pas tout, mais il dit toujours plus qu'il ne semble.

Dans le prochain chapitre, nous examinerons comment la réflexion politique de Vadeboncœur se situe dans la perspective que nous venons de décrire. Nous verrons ensuite ce qu'il advient de la contestation au royaume du moi.

Chapitre 5

Le devoir d'indépendance*

* Ce chapitre a été publié en deux parties, dans *L'Action Nationale*, septembre et novembre 1993.

« Un peuple doit se montrer à la hauteur »
(To be or not to be)

Pour beaucoup de gens, la réflexion de Pierre Vadeboncœur est avant tout politique, et elle est au service de l'indépendance du Québec. Il faut admettre qu'une partie assez considérable de son œuvre traite de problèmes sociaux et politiques, et spécialement de ceux qui touchent à l'indépendance du Québec. Pourtant, pas plus qu'un sociologue, il n'est un politicologue. Et c'est peut-être ce qui explique que certains lecteurs comprennent mal Vadeboncœur, qu'ils sont étonnés de sa manière d'aborder les problèmes, qu'ils sont surpris de l'entendre s'exprimer avec passion et conviction. Les «spécialistes» de la politique et de la réalité sociale s'expriment avec plus d'«objectivité», plus de pondération. C'est que ces gens s'intéressent à la science, ils dégagent et étudient les lois qui régissent la société et la politique. Vadeboncœur, lui, n'est pas un savant, il est un homme d'action et un moraliste, comme nous l'avons vu, et ce sont moins les structures sociales et politiques qui le préoccupent que le sort qui est fait à l'homme dans la société et la civilisation.

Ceci étant dit, il est clair que Vadeboncœur a beaucoup réfléchi et écrit sur l'indépendance du Québec et c'est de cette réflexion que je veux essayer de rendre compte.

Notons d'abord qu'il n'est pas né indépendantiste. Il l'est devenu par la force des choses, la réalisation de l'idée qu'il se faisait de la dignité humaine étant refusée à ses compatriotes dans les institutions politiques qui étaient les leurs. Vadeboncœur n'a jamais fait de politique. Il a beaucoup écrit sur le sujet. Mais le mot «politique» est pour lui équivoque. Il a un sens différent pour ceux qui la font et pour ceux pour qui elle est faite. Or, lui, il est «de ceux et avec ceux sur qui la politique s'exerce». Pas par mépris de la politique. C'est un fait, c'est tout. Et il écrit: «C'est du dedans, toujours que je vis la politique. Non pas du dedans de la politique mais de moi-même» (*To be or not to be,* p. 135).

C'est que l'indépendance n'est pas d'abord un problème politique. Elle est d'abord un problème humain, personnel, comme le montre bien *Indépendances*, qui n'est pas d'abord un livre de réflexion politique, mais une méditation sur la liberté. « Indépendance » est un autre mot pour « liberté », pour « maîtrise de soi », pour « réalisation de soi », pour « plénitude », pour « dignité humaine ». Mais cette indépendance ne se vit pas dans la solitude, elle se vit dans la solidarité avec d'autres hommes. Elle devient un problème humain commun. Si le pays n'est pas indépendant, comment les individus solidaires seraient-ils indépendants, c'est-à-dire libres ? Si le pays est aliéné, si l'ensemble des personnes sont aliénées, chacune des personnes est aliénée et c'est ainsi que le problème humain de l'indépendance devient un problème politique. Cela n'a rien à voir, en principe, avec les idéologies de gauche et de droite, avec les partis politiques. C'est un problème humain. « Ce n'est pas une question abstraitement politique ; c'est une affaire qui intéresse ce que seront des humains dans un pays qui sera quoi ? » (*To be or not to be*, p. 14).

Vadeboncœur a beaucoup insisté sur cette idée de solidarité. L'homme ne vit pas de façon isolée. « Ce qui arrive au pays nous arrive et nous le ressentons avec la même intensité que s'il s'agissait de nous individuellement. Il n'y a pas de différence. C'est nous-mêmes qui sommes atteints. Nous sommes de ceux pour qui une tristesse collective est une tristesse personnelle, et de même pour un bonheur » (*Ibid.*, p. 136). La société est un ensemble d'individus. La mort de la société entraîne la mort des individus. La mort de notre peuple entraîne notre propre mort. La perte d'identité collective entraîne la perte d'identité individuelle.

C'est dans un petit livre qui garde toute son actualité, *La Dernière heure et la première*, que Vadeboncœur a décrit les fondements historiques de l'indépendantisme. Il a repris ensuite le sujet en l'approfondissant, en quelque sorte, dans *Indépendances*. Dans ces deux ouvrages, le problème de l'indépendance a une dimension nationale, mais il a aussi une dimension moderne proprement dite.

Dans *La Dernière heure et la première*, la perspective historique est adoptée pour brosser un portrait des Québécois. « La situation des Canadiens français dans l'histoire fut un paradoxe constant », lit-on à la première ligne. Quel paradoxe ? Nous étions faibles, peu nombreux, privés du contrôle de l'économie et de la politique, aussi bien sous le Régime français que sous le Régime anglais. Mais nous formions un peuple, bien petit, bien faible, en marge de l'histoire en quelque sorte, gouvernés par une oligarchie française d'abord, anglaise ensuite. Nous avions un pays, nous étions là, décidés à durer, sans le pouvoir pourtant, inconscients peut-être, mais enracinés, indépendants, épris de liberté. « Nous n'avons cessé de nous étendre à ras du sol et d'assurer ainsi davantage notre adhésion au pays, comme une plante rampante, par prolifération » (*La Dernière heure et la première*, p. 7). Un phénomène naturel en quelque sorte. Nous vivions en marge de l'histoire, laissant à d'autres le soin de s'en occuper. Nous nous étions repliés sur la famille, la paroisse, la religion, et cela nous suffisait. Nous vivions dans une espèce d'aveuglement, ne comprenant pas que nous ne pouvions indéfiniment laisser à d'autres la gestion de l'économie et de la politique. Aussi longtemps que nous étions un peuple paysan, cela pouvait aller, cela allait.

Je voudrais m'arrêter un peu ici à cette physionomie du peuple québécois d'autrefois, d'avant la révolution tranquille, — est-il encore le même ? — qu'esquisse Vadeboncœur. La mode actuelle est trop souvent au refus et à la négation. Comme si nous devions avoir honte de ces quatre siècles d'histoire qui nous précèdent.

En 1972, dans *Indépendances*, alors que l'on sent que le moment des grandes décisions approche, Vadeboncœur écrit : « Non seulement est-il important, mais il est indispensable, sur l'heure même, de regarder agir, dans sa spontanéité, ce peuple marginal, autonome et primesautier » (*Indépendances*, p. 41-42). Et il propose à son lecteur de « regarder faire » ceux qu'on appelait des habitants.

Ce qui les caractérise, c'est qu'ils sont « restés libres » sous deux siècles de domination » (*Ibid.*, p. 42). Ils n'ont pas été tellement influencés par le conquérant. Ils n'ont pas pris ses idées, ni ses manières. ni son esprit. Par la force des choses ils se sont repliés sur la vie privée. Et c'est là qu'ils ont vécu la liberté, entre eux. Je ne peux m'empêcher de citer ici les lignes suivantes que je dirais libératrices : « Notre liberté n'a jamais été ouverte et générale, mais au contraire elle s'est concentrée en nous-mêmes contre l'univers environnant. Elle a occupé en maîtresse le domaine de la personne, sous le signe de la religion et sous celui des traditions culturelles.

Elle s'est emparée, si j'ose dire, des terres de la culture et elle s'y est retirée. Elle s'est retranchée. Elle s'est établie en nous-mêmes. Ce fut la vie de paroisse. La famille, les échanges entre familles, ont formé la trame de notre existence pendant des siècles. Notre grande affaire était celle de la conscience spirituelle et morale, et notre bonheur celui d'être libres entre nous sur un sol que le conquérant fut assez avisé de nous laisser» (*Ibid.*, p. 44).

Cet esprit d'indépendance qui, selon Vadeboncœur caractérise les « Canadiens », nous le retrouvons déjà chez ces gens que nous décrit Charlevoix, un peu avant la conquête. Benjamin Sulte, que cite Guy Frégault, écrit que l'habitant était « comme seigneur ». Habitants et seigneurs sont, d'après Frégault, « également fiers » et « éprouvent la même impatience de toutes les contraintes ».[22] L'intendant Hocquart trouvait les habitants « naturellement indociles », et le seul moyen qu'il trouva de les soumettre fut que l'on choisisse « comme officiers dans les Costes les habitants les plus sages, et les plus capables de commander »[23]. Robert-Lionel Séguin, dans son étude magistrale, *La Civilisation traditionnelle de l'habitant aux XVIIe et XVIIIe siècles*, a noté lui aussi l'esprit d'indépendance de l'habitant. Si je note ces observations, c'est qu'elles viennent corroborer le point de vue de Pierre Vadeboncœur. L'habitant canadien n'était pas cet être résigné, triste, renfrogné qu'on nous présente trop souvent. Madeleine Ferron et Robert Cliche écrivent qu'en scrutant les récits et les documents d'autrefois, ils ont « vu se dessiner des êtres qui ressemblent peu à leur portrait officiel ». Et ils ajoutent : « Nous avons découvert des hommes durs au travail comme au plaisir, joyeux mais batailleurs, libres mais de courte vue. »[24] Et si l'on veut compléter le portrait, qu'on relise les pages magnifiques de Groulx qui revient sur le caractère indocile de l'habitant, qui fournit une foule de témoignages sur leur esprit d'indépendance. « Le peuple le plus indocile et le plus indépendant qui soit », écrit Bougainville. [25]

Le paradoxe de notre situation est assez insolite. Nous étions indépendants sous le Régime français. Nous l'étions aussi, jusqu'à un certain point,

---

22. Guy Frégault, *La Civilisation de la Nouvelle-France*, p. 167.

23. *Ibid.*, p. 211.

24. Madeleine Ferron et Robert Cliche, *Les Beaucerons ces insoumis*, p. 181.

25. Ce portrait de l'habitant, tiré de *l'Histoire du Canada français depuis la découverte*, vol. 1, chap. 9, est cité par Gilles Marcotte et François Hébert dans *Anthologie de la littérature québécoise*, p. 147-152.

malgré la présence du conquérant, sous le Régime anglais. «À tout prendre, et en dépit des frictions inévitables et de certaines luttes plus soutenues et nécessaires, nous étions en quelque sorte un peuple libre, un peuple indépendant» (*La Dernière heure et la première*, p. 43). Et j'ajouterais, qu'en un sens, nous avons moins à faire l'indépendance qu'à la conserver! Mais il suffit d'employer le mot «conserver» pour voir qu'il ne convient plus, la situation a changé. Nous ne pouvons plus nous contenter d'être. L'indépendance ne va plus de soi, elle doit être conquise. «L'indépendantisme arrive à l'heure où nous sommes en voie non pas tant de vouloir conquérir que de perdre rapidement notre indépendance» (*Ibid.*, p. 47). Nous pouvions, jusqu'au milieu du vingtième siècle, vivre entre nous, indépendants, en marge de l'histoire. Maintenant l'histoire nous a rejoints. Nous devons y prendre notre place ou disparaître. Il s'agit «de prendre par le droit possession d'un pays que nous possédions dans le fait» (*Ibid.*, p. 47).

Au X1X^e siècle, nous pouvions nous maintenir sans détenir le pouvoir politique. La langue, la religion, la culture nous tenaient lieu de pouvoir. Il nous suffisait d'être, inconsciemment, nonchalamment, confiants dans notre destinée naturelle et surnaturelle. Un homme comme Laurier, l'un des nôtres, était passé dans l'autre camp. Il était en quelque sorte un étranger pour nous. Il faisait de la politique là où elle se faisait. Il était délégué par notre collectivité, mais «pour s'occuper d'autre chose» (*Ibid.*, p. 11).

Or une collectivité ne peut pas se couper indéfiniment du pouvoir économique et politique. Elle finit par se scléroser, se figer, par sombrer dans un conservatisme asphyxiant. D'autant plus que de profonds changements sociaux se produisent qui bouleversent toutes les données de la vie sociale, économique et politique, et nous ne pouvons plus vivre dans l'isolement que nous avons connu aux XV111^e et X1X^e siècles. Notre existence sera désormais l'effet d'un choix, d'une décision ou elle ne sera pas. Il n'y a plus de place, dans le choix que nous devons faire, «pour une décision qui ne serait pas radicale» (*Ibid.*, p. 55). Radicale et globale, enveloppant toute notre vie collective. Nous ne pouvons plus nous réaliser dans notre langue et notre culture en laissant à d'autres le pouvoir. «Langue, culture, liberté et pouvoir sont aujourd'hui indissociables. Il n'y aura plus un jour ici de langue et de culture françaises, de liberté et de pouvoir, que munis de toute la force politique à laquelle nous puissions prétendre » (*Ibid.*, p. 60-61).

⁂

C'est donc en 1970, dans *La Dernière heure et la première*, que Vadeboncœur précise ses positions politiques. Nous sommes maintenant à la dernière heure et à la première. À la dernière heure d'une époque révolue, celle où il suffisait d'être pour durer. À la première d'une autre époque où il faudra nous prendre en mains, si nous ne voulons pas disparaître. Il s'agit pour nous d'être à la hauteur de la conjoncture historique. « Le peuple qui ne s'impose pas périra. » Nous avons quelques décennies pour entrer dans l'histoire ou pour en être exclus à tout jamais.

Vadeboncœur s'engage à fond dans cette bataille historique. *La Dernière heure et la première* et *Indépendances* tout en étant très près de l'actualité, sont des ouvrages de réflexion sur les raisons et les principes de l'indépendance. *Lettres et colères*, *Un génocide en douce*, *Chaque jour l'indépendance* et *To be or not to be, That is the question*, constituent une espèce de chronique commentée du sort qui est fait à la cause de l'indépendance dans l'arène sociale et politique, et un engagement sans défaillance à la défense de cette cause. Ces écrits couvrent la période de 1965 à 1980, à peu près. Des articles de journaux et de revues poursuivent la même démarche jusqu'à ce jour. J'écris ces lignes en mars 1993. Mais depuis 1978 environ, sans se retirer de l'arène politique, Vadeboncœur s'intéresse surtout à un monde beaucoup plus intime, comme nous verrons. *Les deux royaumes* constitue un palier dans son œuvre, l'introduction ou la transition à une deuxième partie qui se présente comme le développement d'une préoccupation qui était déjà contenue dans ses premiers ouvrages, mais de façon plus discrète, et qui maintenant occupe le devant de la scène et relègue au second plan la préoccupation politique.

Mais avant d'aborder cette deuxième partie, il est intéressant de dégager quelques-unes des préoccupations et des idées que Vadeboncœur expose dans ses écrits politiques.

Il va de soi que ces écrits sont partisans. Ils défendent une cause. Vadeboncœur ne parle pas nécessairement de la tribune d'un parti, même s'il peut arriver et s'il arrive que son propos et celui du parti se recouvrent, mais ce qui le guide, c'est l'intérêt de la cause. Sur la couverture de *To be or not to be*, il écrit de façon bien lisible: «Le peuple qui ne s'impose pas périra. Ce livre parle de pouvoir souverain de la première ligne à la dernière ligne.» Il s'agit d'éveiller la conscience, de la tenir éveillée, de pratiquer la lucidité. Le débat n'est pas théorique, il est vital pour les Québécois. C'est pourquoi il ne peut se faire sans émotion, sans indignation, sans enthousiasme. Vadeboncœur parle des «idées vitales. Les idées perçues comme vitales. Les pensées qui angoissent ou qui emplissent d'espoir. Celles qui ne laissent pas de choix de les admettre ou de les rejeter, car en elles se joue tout ce qui est saisi par l'intelligence mais aussi par le cœur comme pressant, comme dramatique» (*Chaque jour, l'indépendance...*, p. 44). Ceux qui ne pensent la politique qu'en fonction d'une structure ou d'une constitution ne peuvent pas comprendre l'urgence de l'indépendance. Vadeboncœur s'adresse à eux, bien souvent avec indignation parce qu'ils représentent le système qui maintient l'injustice en place.

Vadeboncœur emploie très peu le mot «nationalisme». Je ne crois pas que ce soit seulement parce que le terme est galvaudé, ou parce qu'il veut se dissocier du nationalisme conservateur à la Duplessis, mais parce que, ce qui est premier dans l'intention, c'est l'indépendance aussi bien individuelle que collective. L'indépendance qui est recherchée est à la fois plus intime et plus large que ce que suggère le mot «nationalisme». Elle revendique l'autonomie des personnes dans la société nationale mais aussi l'autonomie de la communauté nationale dans la société internationale. Le mot «indépendance» ne connote pas l'idée d'opposition dont s'est chargé à la longue bien souvent le mot «nationalisme». Les nationalismes ont contribué à opposer les peuples, et même à justifier l'impérialisme des grandes puissances. «Le nationalisme, qui servit surtout à soutenir la volonté de puissance d'un pays tend aujourd'hui à garantir un pays» (*Lettres et colères*, p. 59). Le mot «indépendance» tient compte de cette évolution. Il affirme l'autonomie de l'homme et des collectivités. Les revendications québécoises d'indépendance ne se font contre personne. Elles rappellent seulement que les hommes passent avant les systèmes, et en tirent les conséquences.

Vadeboncœur situe l'indépendantisme québécois dans le grand mouvement de contestation qui traverse le monde moderne au milieu du vingtième siècle. Déjà en 1964 il écrivait: «Il me paraît clair que l'idéal indépendantiste implique une critique du capitalisme, de la situation religieuse, du système d'éducation, du syndicalisme, de la culture, etc. L'indépendantisme se présente donc comme un moyen de renouveler notre vision. Il est d'essence révolutionnaire » (*Lettres et colères*, p. 164). Plus tard, il précisera que l'indépendance est un des moteurs de la révolution culturelle. Il la définit alors comme « le refus de se laissser enseigner par cette époque qui, loin d'avoir fait ses preuves, n'a pas engendré de conséquence plus claire que celle de l'emprisonnement de l'humain » (*Indépendances*, p. 131). En 1976, il reviendra sur cette idée que c'est pour travailler à la protection de l'intégrité de l'homme qu'il est indépendantiste. C'est selon lui le moyen de répondre « à la menace particulière de notre âge, sous toutes les latitudes, la menace de l'automatisme de l'histoire présente et à venir, et de la mécanique impérialiste, totalitaire, technocratique, cupide, aveugle, impersonnelle, cynique, pervertie, effrayante » (*Un génocide en douce,* p. 58).

L'indépendantisme québécois est donc « un phénomène de contestation » (*Indépendances*, p. 15). Il est un fait, et jusqu'à un certain point, il ne s'explique pas (*Ibid.* , p. 86). Il est une contestation de l'ordre établi, une protestation contre les institutions aliénantes. Les arguments ne peuvent rien contre lui car il est pour une part importante un cri de la vie. « Cette protestation de la vie n'a pas besoin de justification : elle est inscrite dans l'humain » (*Un génocide en douce*, p. 58).

L'indépendantisme de Vadeboncœur n'a donc rien à voir, ou bien peu, avec le nationalisme traditionnel qui était conservateur. Ce dernier voulait maintenir un état de choses, l'indépendantisme veut changer la situation. Le nationalisme était plutôt sentimental, axé sur la fierté, l'indépendantisme veut une révolution personnelle et politique. Le nationalisme moderne a souvent une connotation raciste, l'indépendantisme ne s'oppose pas à des hommes ou à des nations, mais à des structures. Il n'est pas une force d'opposition, il est une force d'affirmation. C'est en ce sens qu'il se rattache au grand mouvement de contestation qui sous diverses formes secoue le monde moderne.

Au plan politique, l'indépendantisme milite pour des structures qui protègent la liberté du peuple québécois. Le fédéralisme en soi est une bonne institution, mais malheureusement, ce qu'on appelle fédéralisme chez nous, ou Confédération, est une forme de domination. « C'est historiquement ici la formule de la domination lente mais sûre du dominant sur le dominé » (*To be or not to be*, p. 43). En 1992, dans un article du *Devoir*, il écrit : « On croit penser fédéralisme, et l'on aboutit à des solutions d'empire. » Les Québécois ont longtemps cru au fédéralisme. Ils imaginaient le Canada comme une fédération. « Le fédéralisme, dit-il, aurait particulièrement convenu à notre esprit de modération, à notre amour de la paix et de la composition » (« Le fédéralisme canadien, objectivement impossible », *Le Devoir*, 23 mai 1992). Malheureusement, la fédération canadienne est issue historiquement de la Conquête et de la domination d'un peuple sur un autre. Les événements récents ont montré qu'elle ne peut absolument pas se libérer de cet héritage historique. Le fédéralisme authentique nous étant refusé, l'indépendance s'impose. L'histoire nous « a appris que notre remède à nous n'est pas la forme fédérale mais une véritable confédération d'États souverains » (*To be or not to be*, p. 43).

Vadeboncœur a conscience que la bataille de l'indépendance n'est pas facile. Sous le Régime français, les Canadiens étaient gouvernés pas la France. Sous le Régime anglais, ils étaient gouvernés par l'oligarchie anglaise ou canadienne. Ce peuple est le seul en Amérique qui ne se soit pas affranchi de la métropole. Il ne s'est jamais pris en mains. Il a « oublié qu'il est un peuple » (*Un génocide en douce*, p. 23), parce qu'il a toujours été un corps sans tête, parce qu'il n'a jamais disposé du pouvoir, parce qu'il n'a jamais administré ni son territoire, ni ses relations internationales, ni la guerre. Il s'est fabriqué une psychologie qui lui a permis de passer à travers les siècles sans être démoli, mais les conditions nouvelles changent les données du problème. Son esprit d'indépendance, son penchant à l'anarchisme, sa légèreté, son ignorance s'accommodaient assez bien de ce type de vie privée à laquelle on l'avait confiné, mais le préparaient très mal à se débrouiller dans la vie publique dans laquelle il est maintenant projeté malgré lui. Le Canadien, le Québécois, a été habitué à subir les situations, à endurer, à s'accommoder. Il n'a jamais rien décidé. Il est mal préparé à prendre la place qui lui revient.

Il le devra pourtant. Il doit se prouver qu'il est capable « de réussir une bonne fois quelque chose » (*To be or not to be*, p. 61). Cela est tellement important pour la mentalité d'un peuple ! Il ne peut laisser traîner indéfiniment le problème national qui, tant qu'il subsiste, « draine vers lui une part énorme des énergies politiques, qui ne peuvent par conséquent pas s'appliquer d'emblée à d'autres ordres de problèmes» (*Ibid.*, p. 54). Il faut mettre fin à «l'aliénation profonde qui découle du fait de ne pas être maîtres de la plupart des aspects de notre activité et des activités gouvernementales en particulier, (à) l'amoindrissement qui en découle pour un peuple au plus profond de ses facultés, (à) la honte qu'il y a d'être un peuple dépendant en trop de domaines, (aux) conséquences d'un tel sentiment même inconscient de honte, etc.» (*Ibid.*, p. 62).

Si le peuple québécois ne se décide pas à faire son indépendance, il sera condamné à végéter en attendant de disparaître. «L'échec du projet d'indépendance ne serait que le commencement d'une fin à n'en plus finir» (*Un génocide en douce*, p. 49). Le peuple québécois serait alors encore plus infériorisé, méprisé, marginalisé. Il s'engagerait dans «une époque interminable où règnerait le pire délabrement culturel, linguistique, politique, psychologique, moral, qui est celui d'un peuple à la dérive...» (*Ibid.*, p. 52). Il deviendrait quelque chose «d'amorphe et d'informe» (*Ibid.*, p. 54).

❧

Au problème de l'indépendance est étroitement lié celui de la langue. Vadeboncœur s'est exprimé clairement sur ce sujet et à plusieurs reprises.

Dans *Indépendances*, il voit le langage québécois dans sa détérioration comme un acte de contestation, un «signe de rupture». Il constituait une transgression de l'ordre établi, de la culture. «Le langage, écrit-il, prenait des allures agressives et grossières. La jeunesse méprisait la syntaxe. Les mots nouveaux de la jeunesse étaient comme des mots de passe. Des mots de passage aussi. Ils semblaient frayer un passage à travers les règles et les usages de l'expression apprise, comme à travers autant de réalités surannées» (*Indépendances*, p. 105). Il s'agissait pour les jeunes de «faire le contraire» du monde qui les entourait, de marquer leur révolte. Mais il y avait de mêlée à cette vague de protestation une forte dose de décadence. «La nouvelle culture était aussi la nouvelle inculture, et ceci n'était pas vrai que du langage» (*Ibid.*, p. 106).

Mais si une manifestation d'inculture peut être un acte de transgression, on risque de se détruire soi-même si on s'y installe. C'est pourquoi sans doute Vadeboncœur est-il impitoyable pour l'idéologie du joual.

Le joual, dit-il, «est un fait sociologique, un phénomène, une chose sérieuse». L'idéologie du joual, elle, «n'est qu'une sottise» (*Un génocide en douce*, p. 121). Le joual est «une déchéance, un produit de décomposition». Vouloir se parer du joual comme d'un drapeau, c'est se glorifier de sa propre turpitude. «Le joual est le langage de la défaite politique, le symbole, la conséquence et le symptôme de la prolétarisation politique, sociale, économique et culturelle. Le langage, le symbole et la conséquence de la volonté de revanche sont au contraire le français» (*Ibid*. , p. 124).

Vadeboncœur n'est pas un puriste. Il comprend que le langage populaire ait ses caractéristiques propres, mais il reste du français. «Je parle seulement d'une langue articulée, du français robuste, quoique plus ou moins abîmé ou réduit, mais vivace et créateur aussi, qui est le langage de millions de Québécois et le mien» (*Ibid*. , p. 123). Vadeboncœur croit que l'idéologie du joual est une mode qui passera. Ce n'est pas l'abjection mais la dignité qui politise. Si le peuple québécois réalise sa libération politique, il affirmera en même temps son «empire sur la langue» (*Ibid*. , p. 124).

On voit donc que pour Vadeboncœur, le problème linguistique est inséparable du problème politique. D'une part, on ne peut assurer l'épanouissement de la langue française sans lutter pour l'accession à l'indépendance politique: «Les grands discours sur la langue française au Québec ne sont que du vent si on les sépare d'un autre propos, politique celui-ci, par lequel on réclame la souveraineté du pays et l'on exprime qu'on entend l'obtenir» (*To be or not to be*, p. 23-24). D'autre part, la souveraineté d'un peuple ne peut s'assurer si elle ne s'appuie sur la langue et sur la culture. «Une personne, un peuple, déculturés, sont une personne, un peuple, psychologiquement diminués, infériorisés. Ils ne se sentent plus eux-mêmes ni supérieurs, ni même le moindrement égaux à des persones, à des peuples, dont la culture et les moyens linguistiques sont forts et cohérents; par conséquent, ils leur sont, de fait, inférieurs» (*Ibid*. , p. 58).

La langue française, pour Vadeboncœur, cela va de soi, est une facette de l'identité québécoise. Elle en est inséparable. Il souscrirait sans doute à cette confession de Raymond Aron: «Mon attachement à la langue, à la littérature française ne se justifie pas, il est, je le vis, parce qu'il se confond avec mon être.»[26]

---

26. R. Aron, *Mémoires*, p. 737-738.

J'espère avoir suffisamment montré que la réflexion indépendantiste de Vadeboncœur s'enracine au plus profond d'une préoccupation humaine et culturelle qui porte sur le destin du peuple québécois et sur les implications de la civilisation moderne. L'individu est partie d'un peuple et celui-ci est solidaire d'une civilisation. Pour un Québécois, sa liberté individuelle de citoyen québécois ne se dissocie pas de sa liberté individuelle d'homme dans le monde moderne. C'est pourquoi l'indépendantisme tente de répondre «à la menace de l'universalisme impérialiste et technocratique» (*La Dernière heure et la première*, p. 77), car «nous aimons mieux être libres contre le progrès lui-même qu'enrégimentés par lui» (*Indépendances*, p. 50).

La bataille pour l'indépendance ne souffre donc pas d'accommodations. Il y va de la place de l'individu dans la société et par elle dans le concert des nations. Une défaite nationale ajouterait «une autre cause de désarroi par-dessus toutes celles que la civilisation actuelle accumule» (*To be or not to be*, p. 140).

Vadeboncœur n'est pas un homme de parti, il est un homme de conviction. On ne trouve pas chez lui de ces hésitations, de ces demi-mesures, de ces ruses, de ces tergiversations qui caractérisent les indécis. Intransigeance? Sur certains sujets, oui. Irréductible surtout. On ne marche pas pour rien sur les traces de Péguy. Un certain fond d'esprit républicain préserve de la futilité et de la complaisance. Péguy parle de ces vieux républicains qu'il a connus, ces «hommes admirables», «durs pour eux-mêmes», «bons pour les événements». Par eux il a connu «ce qu'était une conscience entière et droite, une intelligence à la fois laborieuse et claire... un courage aisé, gai, infatigable»[27].

Mais puisque nous sommes chez Péguy, pourquoi ne pas relire ces lignes inspirées qui décrivent le sens profond de la révolution, la perspective de tout engagement social et politique authentique: «une révolution n'est vraiment et pleinement révolutionnaire que si elle atteint, comme d'un coup de sonde, que si elle fait surgir et sourdre une humanité plus profonde que l'humanité de la tradition à qui elle s'oppose, à qui elle s'attaque; elle ne vaut que si elle met dans le commerce une humanité plus

---

27. Charles Péguy, «Georges Clémenceau: Discours pour la liberté», *Cahiers de la Quinzaine*, vol. XII, 1904, Coll. de la Pléiade, *Prose*, 1, 1987, p. 1335.

profonde… que l'humanité courante, que l'humanité actuelle, usuelle, que l'humanité connue…»[28]

C'est à cela que vise la pensée critique de Vadeboncœur, c'est à l'achèvement d'une plus grande qualité d'humanité. La préoccupation primordiale qui l'anime et qui le pousse à étudier et à critiquer la situation de l'individu dans la société québécoise, et de la société québécoise dans le monde moderne, c'est moins celle de savoir comment être un Québécois et un homme moderne, que celle de savoir comment être un homme quand on est québécois et qu'on est un homme moderne.

---

28. Charles Péguy, « Avertissement », *Cahiers de la Quinzaine*, vol. X1, 1904, *Ibid.*, p. 1306.

Chapitre 6

Le royaume de l'âme

*« Orienté à rebours par mes impulsions dans le plus
secret des territoires intimes, où s'établit d'abord
la relation non pas des êtres les uns avec les autres
mais celle d'un être seul avec sa source »*
(*Les deux royaumes*)

Les deux royaumes est probablement le livre de Vadeboncœur qui se
rapproche le plus des confessions ou du récit autobiographique. Il ne faut
pas se méprendre cependant ; Vadeboncœur ne va pas se mettre à raconter
sa vie. Aucune anecdote, aucun événement précis n'est rapporté. Son livre
enregistre plutôt les secousses d'un ébranlement intérieur, une crise
existentielle provoquée par un malaise, par une prise de conscience de la
difficulté de ses rapports avec le monde. Il parle d'« opposition morale avec
le monde ambiant » (p. 10), de « rupture » (p. 162). Il avait jusqu'ici observé
le monde moderne, avait décrit le sort qui y était fait à l'homme. Et maintenant, il écrit : « Sans me rendre compte de ce qui se passait en moi, pour la
première fois je me suis trouvé dans un conflit tout intérieur avec le
monde » (p. 10). Pour la première fois ! Comme si la réflexion antérieure
avait été objective, académique. Nous savons bien qu'il n'en est rien. Mais
il faut croire que le conflit rapporté ici est d'une nature différente, que la
part de subjectivité est encore plus grande. Et elle l'est effectivement, dans
le sens que le monde atteignait en lui, de façon confuse, des « sources » dont
il sut par la suite « qu'elles étaient plus proches du centre de l'esprit »
(p. 11). L'agression du monde extérieur, en menaçant son monde intérieur,
le forçait en quelque sorte à en prendre conscience et à s'y intéresser.
« J'ignorais que quelque chose souffrait en moi qui n'avait jamais vraiment
souffert » (p. 11). C'est ce « quelque chose » de mystérieux, d'inconnu, que
la menace du monde va lui faire découvrir.

Il me semble donc que *Les deux royaumes* décrit deux démarches tout
à fait différentes qui se complètent, se conjuguent, et donnent à ce livre un
caractère dramatique mais en même temps apaisant. D'abord une

démarche de dissidence par rapport au monde moderne, et une autre d'interrogation et d'exploration d'une réalité toute intérieure.

Le mot « dissidence » est employé ici avec beaucoup de circonspection. On ne le trouve pas dans Vadeboncœur, il me semble. J'en fais usage pour essayer de décrire une démarche ou une attitude particulière en lui donnant un sens très limité. Il ne s'agit pas de dissidence par rapport à un parti ou un gouvernement comme celle que l'on a connue dans les pays totalitaires. Il s'agit plutôt de dissidence par rapport à une civilisation, par rapport à une culture, la culture moderne, ou si l'on peut dire, par rapport à une société dans son ensemble. Il s'agit d'une dissidence intérieure par rapport à une société envahissante. L'écrivain va se détourner d'une société qui l'envahit jusque dans son intimité personnelle. « J'étais investi à la racine de mes sentiments » (p. 14), dit-il. Il connaissait « le poids énorme du monde moral contemporain » (p. 15). Ce monde est celui des « choses obvies », de « l'immédiateté », celui où « cet extérieur est devenu notre intérieur », où « les productions sont devenues nos pensées mêmes ». La pression de ce monde sur l'individu est irrésistible.

C'est une prise de conscience existentielle aiguë qui se produit à ce moment. Et en même temps que l'écrivain se sent entraîné par l'époque (p. 23), qu'il se sent dépossédé de sa liberté et de son autonomie, il prend conscience que « l'isolement, l'esseulement de l'âme la plus haute est le trait le plus accusateur de cette culture » (p. 28), que la culture moderne est fermée au monde de l'âme. C'est l'expérience de ce dénuement qui, par réaction, le force à porter attention au monde de l'âme. « Mon âme n'obtenait plus satisfaction, ou plutôt l'univers ambiant l'avait éveillée à elle-même en l'agressant sans répit » (p. 29). Un univers mental se substituait à un autre (p. 30). L'écrivain se détournait du monde et rentrait en lui-même, « en un lieu où l'on n'est presque rien et où il n'y a pas de turpitude. Pour moi, c'était surtout un refuge, où rien ne subsistait de ce que je haïssais au dehors… » (p. 33).

Vadeboncœur parle de « conversion » (p. 39). Il emploie le mot dans son sens premier, « se tourner vers ». L'écrivain se détourne de quelque chose pour se tourner vers autre chose. Il se détourne. C'est le mouvement de dissidence. Il ne se sent plus lié par le monde, il ne tourne plus avec lui, il se sent libre « d'avoir d'autres pensées que les siennes » (p. 39), et il ne se soucie plus de ses opinions, de ses humeurs, du sentiment reçu. Il se tourne vers «le plus secret des territoires intimes, où s'établit d'abord la relation non pas des êtres les uns avec les autres mais celle d'un être seul avec sa source» (p. 52). C'est donc une conversion «religieuse» que connaît alors Vadeboncœur, ou du moins une transformation qui s'en rapproche. Dans *Indépendances*, il avait décrit sa réaction face à la cité, face au monde technologique, dans *Les deux royaumes*, il décrit sa réaction face à l'esprit de ce monde.

๛

Essayons de pousser un peu plus loin l'analyse du mouvement de dissidence. Nous examinerons ensuite celui du retour vers l'intimité de la source.

Il me semble que ce mouvement de dissidence est d'abord une revendication de la liberté intellectuelle et spirituelle la plus totale face à l'époque. Plus qu'une revendication, une prise de possession. Et c'est ce qui donne à cette démarche un caractère inusité et un peu brutal. La société moderne, écrit François Perroux, réduit l'individu à «l'état de chose»[29], elle nous a habitués à voir l'homme comme un être soumis, conformiste. Marcuse affirme que «la domination de la société sur l'individu est infiniment plus grande que jamais»[30], que le «processus mécanique dans l'univers technologique détruit ce que la liberté a de secret et d'intime»[31]. Cet état d'aliénation est inconscient et interdit le regard critique. C'est pourquoi la revendication d'autonomie, l'affirmation de liberté est en quelque sorte scandaleuse, provocatrice. Ne pas se soumettre à l'assentiment collectif, c'est s'exclure. Etre fidèle à sa voix intérieure, c'est choisir la dissidence.

Vadeboncœur ne se fait pas scrupule de célébrer sa liberté retrouvée. Autrefois, il avait essayé de comprendre l'époque, de suivre les sentiers de sa pensée. «Mais maintenant, dit-il, je n'éprouvais plus aucun besoin de tout comprendre ainsi, autrement dit de comprendre le siècle par le siècle. Je n'avais plus besoin de cette folie. Je souriais à cette folie» (*Les deux royaumes*, p. 162). Il se mit même à «faire le contraire de

---

29. François Perroux, *La Coexistence pacifique*, p. 600.
30. H. Marcuse, *Op. cit.*, p. 18.
31. *Ibid.*, p. 57.

l'époque actuelle» (*Ibid.*, p. 173). Il avait conscience de n'être plus de son temps, d'être au-delà, de n'avoir plus de compte à rendre à personne (*Ibid.*, p. 179). C'est une belle ascèse à cultiver. «Rejeter, indifféremment, pêle-mêle, négligemment le tohu-bohu philosophique de cette époque et tout de lui. Faire le plus possible le contraire de ce qu'elle fait» (*Essais inactuels*, p. 196). Ce texte est tiré d'un article sur Rimbaud, lui aussi «dissident», révolté, protestataire, mais c'est à Montaigne surtout qu'il me ramène: «Ce temps n'est propre à nous amender qu'à reculons, par disconvenance plus que par accord, par différence que par similitude.»[32]

La dissidence de Vadeboncœur est moderne mais elle se situe en même temps dans un courant d'esprit critique qui a toujours été présent dans la société occidentale. Depuis les anciens Grecs, les grands esprits ont protesté contre la tendance de la société à se soumettre l'individu. De même dans le monde biblique, les prophètes étaient souvent seuls à dénoncer la démission générale. Ce sont des chrétiens dissidents qui ont fait éclater l'empire romain. Puis lorsque la chrétienté fut devenue à son tour une institution sociale autoritaire, des esprits lucides ont dénoncé l'ordre établi au nom de la dignité humaine et de la justice. Le même phénomène s'est produit dans les pays communistes et dans les pays colonisés. Or il existe une réalité nouvelle qu'on pourrait appeler la société moderne, qui déborde les frontières des pays et s'étend à toutes les régions industrialisées, une société dans laquelle le développement technologique impose à l'homme ses conditionnements. Des hommes s'élèvent contre cette nouvelle forme de conditionnement. Ce qui est étrange, mais cela se comprend en un sens, c'est que ces hommes qui dénoncent les abus du système établi, qui prônent une société plus respectueuse des exigences de l'être humain, passent souvent pour des conservateurs, des réactionnaires, des pessimistes. Ce sont plutôt ceux qui renoncent à l'esprit critique qui sont réactionnaires, qui ne se scandalisent pas que l'homme soit devenu une chose parmi d'autres choses. Les vrais pessimistes, ce sont ceux qui adhèrent au monde les yeux fermés. Ils ont démissionné. Ils acceptent le monde tel qu'il est. Ils ne croient pas qu'il puisse se renouveler à partir d'un foyer spirituel. Ils ont perdu confiance, à moins qu'ils soient devenus inconscients. La dissidence de Pierre Vadeboncœur, comme celle de Péguy, de Allan Bloom, de Finkielkraut, etc., est une affirmation de liberté, une proclamation de la

---

32. Montaigne, *Essais*, in *Œuvres complètes*, p. 900.

supériorité de l'individu sur la société. Elle n'est pas un retrait hors de cette société, mais un refus de suivre les impératifs de cette société, d'adopter son esprit, sa philosophie. Le monde moderne, disait Péguy, est panthéiste. Il se prend pour Dieu lui-même, pour l'Absolu. Il est accaparant, asservissant, contraignant. La démarche de dissidence est une revendication d'autonomie, un effort de se démêler, de se déprendre de sa glu. « C'est un privilège, écrit Cioran, que de vivre en conflit avec son temps. À chaque moment on est conscient qu'on ne pense pas comme les autres. Cet état de dissemblance aigu, si indigent, si stérile qu'il paraisse, possède néanmoins un statut philosophique, qu'on chercherait en pure perte dans les cogitations accordées aux événements. »[33]

La dissidence de Vadeboncœur n'exclut pas l'action, l'engagement. Elle n'est pas une fuite de la vie publique. Vadeboncœur continue à écrire, à prendre position, à participer au débat social et politique, mais il ne pactise pas avec le siècle. Il s'exprime à partir d'un lieu qui n'a d'autre légitimation que la réalité de l'esprit, la liberté de l'homme. Il se place en retrait du monde, comme s'il se disait : attendons que la vie fasse son œuvre. Jusqu'à ce jour, écrivait-il dans *Indépendances* (p. 173), l'homme « est resté inassimilable ». On peut voir là une grande confiance dans les ressources de la vie et dans la force de la liberté.

Ce retrait du monde peut être vu, et c'est ce qu'il est pour une part, comme un refus de ce que Tocqueville appelait déjà, de façon prophétique, le « despotisme doux » de la société moderne. [34] On peut le décrire aussi d'une autre façon : Menacé de partout, l'individu prend « le maquis de l'esprit » (*Indépendances*, p. 175). Prendre le maquis, ce n'est pas démissionner, c'est résister, c'est mener une action subversive. Ce retrait du monde a un caractère de nécessité, en ce sens que l'écrivain est mis à la porte. « J'y avais été refoulé par l'inhospitalité du monde extérieur » (*Les deux royaumes*, p. 33).

Dans un premier mouvement, la dissidence est vue comme un repli sur l'individu. C'est le moment qui suit la prise de conscience de l'échec de la liberté, ou de la victoire de la répression, moment qui est évoqué de façon dramatique dans *Indépendances*. « Ce sera l'individu retournant à lui

---

33. Cioran, *De l'inconvénient d'être né*, p. 186-187.

34. Charles Taylor en donne une description succincte dans *Grandeur et misère de la modernité*, p. 33.

seul et en lui seul, non pas en vertu de quelque espoir anachronique, mais comme témoin réfractaire de son temps et comme insolvable absolu et volontaire face aux créances instituées sans droit contre l'humain» (*Indépendances*, p. 166). Face au monde et à ses conditionnements, se dresse «l'absolu du moi» (*Ibid.*, p. 129). L'individu devient en quelque sorte un refuge. Mais peu à peu, et c'est à mon sens ce qui constitue l'originalité de la pensée de Vadeboncœur, le refuge se transforme, il devient un royaume, le royaume de l'âme. Et dès lors les perspectives sont changées. Il se produit un déplacement du point d'observation. Il ne s'agit plus de s'insérer dans la chaîne des explications et des raisons du monde pour les adopter ou les critiquer, mais de porter sur la réalité un regard qui origine de l'âme. Il ne s'agit pas d'acceptation ou de refus du monde moderne, mais d'un regard qui est différent de celui que le monde moderne porte sur lui-même.

⚜

Le mot « âme », et à plus forte raison l'expression «royaume de l'âme», est tombé en un profond discrédit à notre époque. [35] Mais il est utilisé très fréquemment par Vadeboncœur, au point qu'il constitue un mot-clé, un lieu capital de la réflexion. Il faut essayer d'en préciser le sens si l'on veut saisir la nature de la démarche de cet auteur.

C'est dans *Les deux royaumes* qu'il s'impose de façon décisive comme la dimension essentielle de la vie personnelle. Il avait été question de l'âme aussi dans des œuvres précédentes, dans *Indépendances* notamment, mais dans cette première œuvre, l'individu occupait la première place. Il s'agissait en effet de préserver la cohésion de la vie personnelle. Le moi était un refuge contre l'envahissement du monde, une fortification essentielle, un nœud de consistance. L'âme est autre chose. Elle n'est pas un rempart contre le monde. Elle n'est pas non plus de l'ordre du rêve romantique, ni de la solitude romantique. Elle n'a rien à voir avec une évasion hors du monde, avec une démarche de fuite. Elle n'a rien à voir non plus avec l'égotisme de Stendhal ni le culte du moi de Barrès. On ne peut davantage l'assimiler au repli cérébral de Valéry. Vadeboncœur parle de solitude, de «promenade en soi.» «J'allais maintenant mon chemin seul»

---

35. Claude Roy, qui faisait compliment à Lukacs de sa vivacité, de sa verdeur, l'entendit expliquer: «Ce qui me maintient, c'est que je n'ai pas de vie intérieure. Je m'intéresse à tout, sauf à mon âme» (*Somme toute*, p. 121).

(*Les deux royaumes*, p. 42). Il parle de l'âme qui « sera plus libre et occupée d'elle-même » (*Indépendances*, p. 178). Et pourtant, il ne faudrait surtout pas y voir du narcissisme. Rien n'est plus étranger à son monde intérieur que l'obsession des frustrations et des malaises psychologiques. Il n'y a pas d'introspection chez Vadeboncœur. L'attention au moi chez lui est une forme de solitude, celle de l'homme qui est « seul avec sa source » (*Les deux royaumes*, p. 52). Une solitude ouverte sur la transcendance. Le monde de l'âme, le royaume de l'âme, chez Vadeboncœur, est synonyme de liberté, d'accueil de l'être dans toute sa plénitude.

Ce qui se rapproche le plus de cette réalité, c'est ce que les mystiques décrivent sous différentes appellations : « la fine poincte de l'âme », chez saint François de Sales, le monde d'« anima », chez Claudel, le « temple intérieur », le « cloître intérieur », le « jardin secret », chez d'autres.

Comment décrire ce monde intime qui est pourtant un royaume, c'est-à-dire une réalité formée d'un ensemble d'éléments constitués dans un certain ordre, dans un rapport non pas fonctionnel mais vital ?

Un premier élément est celui d'autonomie, de liberté. Dans *Les trois essais sur l'insignifiance* (p. 47), Vadeboncœur parle de la « royale autonomie de l'âme ». Une autonomie « royale », d'une grande dignité, qui fait de l'âme un centre de liberté. L'âme n'est pas captive du monde. Elle est cette partie de l'homme qui échappe au déterminisme et à la mécanique sociale. Elle n'est pas accaparée par les biens limités, elle est tournée vers sa plénitude. Vadeboncœur parle d'un « sens de l'amour entièrement tourné vers sa perfection » (*Les deux royaumes*, p. 15).

Cet élément de « perfection » marque un dépassement de ce que nous avons appelé le « scepticisme » qui exclut en quelque sorte la préoccupation du bien. On le comprend facilement, puisque le souci de « perfection » ouvre la porte sur la transcendance, sur l'au-delà du réel immédiat. Là se trouve le fondement de la liberté dont nous venons de parler. Une conscience fermée sur la contingence est limitée à cette contingence. Mais la conscience ouverte sur la transcendance jouit d'une autonomie sereine par rapport à la contingence.

C'est pour traduire cette dimension de l'expérience humaine que Vadeboncœur introduit la notion de dualité. Au début de *Les deux royaumes*, pour exprimer le sens de son «opposition morale avec l'univers ambiant», il dit que le monde atteignait en lui des sources dont il sait maintenant «qu'elles étaient plus proches du centre de l'esprit» (p. 11). Il distingue le « moi » du « centre de l'esprit ». Et un peu plus bas, « J'ignorais que quelque chose souffrait en moi qui n'avait jamais souffert». Ce quelque chose différent du moi, c'est l'âme.

C'est dans *Les trois essais sur l'insignifiance* que Vadeboncœur s'est expliqué de façon plus précise sur cette dualité de la personne. Il parle ici de l'âme et du double de l'âme, de «l'âme gardienne de l'âme», de «la sœur» ou du «semblable de l'âme» (p. 43). C'est une manière de dire que l'âme n'est pas mouvement rectiligne, rapport déterminé au monde, mais conscience autonome, délibération, qu'elle est dotée d'un «conseil intérieur». L'âme, qu'on dit seule, est pourtant toujours accompagnée, entourée de sa cour qu'elle consulte, et c'est moins le monde qui s'impose à elle, qu'elle qui pare le monde du lustre de sa spiritualité. L'âme est tout le contraire d'un réflexe conditionné par une sensation, d'une force déterminée par un objet. Elle est un centre de rayonnement, elle est animation, profusion. Elle est conscience. Elle est assentiment, non asservissement. Elle n'est pas soumise au monde, elle l'enveloppe, elle le refait, elle le fait exister «en fonction d'elle et de ce qui est joie dans l'univers» (*Ibid.*, p. 44). Elle «est seule à pouvoir obtenir de l'être je ne sais quel signal touchant l'infinie garantie qu'il souscrit» (*Ibid.*, p. 47).

On pourrait encore évoquer la réalité de l'âme en faisant appel à l'idée d'espace intérieur, de distance. L'âme, «éprise de l'infini du bien» (*Les deux royaumes*, p. 17), ouverte sur une autre patrie, même terrestre, peut être dans le monde sans y être prisonnière, dans une expérience non seulement de liberté mais de transformation, de régénération de ce qui est à l'état d'appel ou de manque dans la réalité.

Ce qui caractérise la modernité, pour Pierre Vadeboncœur, c'est que l'âme y est en quelque sorte niée, oubliée, mise à la porte. L'expérience de l'homme moderne au monde se fait dans une réaction spontanée, mécanique en quelque sorte, obvie. Cette relation ne prend pas sa source dans l'intimité peuplée de la personne, mais elle est commandée par les objets. Ou si l'on veut, l'âme est dénaturée. Elle n'est plus «région réservée» (*Les deux royaumes*, p. 17), elle est mouvement vers l'extérieur, devenant elle-même objet. Elle n'est plus tournée vers sa source mais vers le dehors. L'acte humain se vide de sa dimension spirituelle pour ne devenir qu'un rapport fonctionnel, une impulsion mécanique. On comprend que n'entre plus en jeu ce qui s'appelle respect, hésitation, humilité. L'être n'est plus attente ou dépassement, il est évidence, non par plénitude, mais par réduction.

On comprend mieux, maintenant, du moins nous l'espérons, le sens de la «conversion» de Pierre Vadeboncœur telle qu'il nous la raconte dans *Les deux royaumes*. Il s'agit d'une conversion au monde de l'âme. Il prend conscience des conséquences de l'abandon de l'âme. «La masse inouïe des sacrilèges, écrit-il, de ces sacrilèges dont nous tissons nos vies en riant, en vint à me frapper sans relâche» (*Ibid.*, p. 15). Il se rend compte «que l'homme ne prend plus de distance par rapport à ce qu'il fait, convoite, veut, conçoit, saisit, — du moins cet écart imperceptible et néanmoins essentiel qu'une conscience éprise de l'infini du bien établit et maintient» (*Ibid.*, p. 17). La civilisation moderne, fascinée par l'immédiat, le présent, n'accorde plus d'attention à l'âme qu'il appelle «l'absente». Elle n'a de souci que pour le visible. Vadeboncœur, lui, s'intéresse à l'âme. Il commence «de vivre dans un certain rapport» avec elle. «Je circulais avec cette inconnue», dit-il (*Ibid.*, p. 28). Et alors, c'est sa relation au monde qui change, c'est sa vie personnelle qui se trouve transformée: «Dès que l'âme demeure en sa propre présence, s'entretient avec elle-même, pense à ce qu'elle est seule à aimer, vit dans cette pensée habituelle, alors, par ce simple fait, tout le rapport avec le monde, qui ne cesse pas pour autant d'être réaliste et concret, change d'esprit, de destination, de niveau. Il se produit surtout ceci que le désir cesse d'être rivé sur l'objet seul pour se répandre aussi en-deça, au-delà, vers ce que l'âme aime» (*Trois essais sur l'insignifiance*, p. 45).

On a reproché à Vadeboncœur d'être dualiste, de penser contre le monde moderne, contre le monde américain. Ce qui est certain, c'est qu'il regrette que ce monde n'ait pas d'âme. Un corps sans âme, c'est une mécanique. Pourtant, la dualité dont nous avons parlé au sujet de l'âme, n'a rien à voir avec le dualisme. Parler de l'âme, valoriser l'âme, ce n'est pas flétrir le corps, c'est l'exalter, car c'est de l'âme que le corps tient sa dignité. Dans *Le Soulier de Satin*, le roi d'Espagne dit à son chancelier: «Car ce n'est pas l'esprit qui est dans le corps, c'est l'esprit qui contient le corps, et qui l'enveloppe tout entier.»[36] Penser pour l'esprit, ce n'est pas penser contre le corps. C'est penser pour ce qui donne vie et dignité au corps. Militer pour l'âme, ce n'est pas militer contre le monde moderne, c'est militer pour son humanisation. L'âme n'est pas lointaine, abstraite, intérieure, prisonnière du corps, de la matière. Dans la tradition de pensée la plus incontestable, elle est principe de vie, «animation», rayonnement de l'être. Etre présent au monde de l'âme, c'est découvrir la dimension capitale de la réalité. Plus on est présent au monde de l'âme, plus il devient consistant, et c'est l'autre qui ressemble à une ombre. Un monde sans âme est comme une maison inhabitée, un corps inerte.

---

36. P. Claudel, *Le Soulier de satin*, Première journée, Scène VI.

Le Québec expliqué aux Anglais

Texte d'une conférence donnée à Southampton, Angleterre, par Pierre Vadeboncœur devant des professeurs et des étudiants en études canadiennes et québécoises, au mois de mars 1988.

Le sujet qu'on m'avait proposé étant le Québec d'avant la Révolution tranquille, une histoire que je suppose que vous n'ignorez pas, je me suis demandé ce que je pourrais bien vous dire que vous ne sachiez déjà, ou mieux, comment vous apprendre des choses que vous connaissez. Il n'y a que l'art, me disais-je ambitieusement, pour faire de l'inconnu avec du connu. « L'œil existe à l'état sauvage », écrit André Breton. Cette phrase me suggérait une clef. Au lieu de m'en tenir aux généralités devenues banales sur le Québec d'avant et d'après 1960, sans doute y aurait-il moyen de voir et de faire voir des choses — les mêmes choses, peut-être — à travers un œil, justement, un œil particulier, le mien, mais d'autrefois. Mon regard ancien, celui que j'avais à telle ou telle période, il y a longtemps, un regard non encore informé, un regard d'enfant ou de jeune homme, et aussi le regard mal ouvert d'un homme, un regard qui ne serait tel que parce que le pays lui-même ne s'ouvrait guère. Je vous livrerais ainsi ce qui serait, en partie, le contenu d'une mémoire de la sensibilité. Mais c'était trop présomptueux. Il m'a fallu m'en tenir à des notations assez désordonnées, impressionnistes, et à quelques réflexions en passant. Je serai trop heureux si je parviens, non à vous enseigner quelque chose, mais, allant et venant dans mes souvenirs, à mettre à la portée de votre imagination une partie de ce passé. Et j'emploierai beaucoup le « je ». Évidemment, ce ne sera pas par vanité, mais parce que la loi du genre le veut ainsi...

Mon passé, comme tout passé, est individuel et particulier. Voici trois données premières, pour me situer. Je suis d'une famille de condition bourgeoise, je suis né dans la banlieue de Montréal et j'ai fait mon éducation chez les Jésuites. Et voici les premières impressions que je désire vous livrer en rapport avec mon sujet. Elles sont d'un enfant du début des années 1930, à l'école primaire tenue par les Clercs de Saint-Viateur, puis d'un collégien, chez les Jésuites, successivement élève de frères enseignants et de prêtres, de l'âge de sept ans jusqu'à l'âge de dix-neuf ans. J'ai entendu dire toutes sortes de choses désobligeantes et souvent passablement fondées sans doute, au sujet des curés, des religieuses, des frères enseignants, au Québec, mais mon expérience ne me permet pas de corroborer ces témoignages. Je n'étais pas particulièrement sage, pourtant, croyez-moi, ni particulièrement conformiste : à onze ans, par exemple, à l'occasion d'un incident qui nous avait tous déplu, à mes petits camarades et à moi, j'appelai toute ma classe à quoi ? à la révolution ! J'avais assez d'esprit critique, j'étais même assez frondeur. Mais en consultant mon sens critique d'alors, et également, si je puis dire, le jugement de ma sensibilité d'après le souvenir que j'en garde tout au fond de moi, force m'est de vous dire que je conserve de ce temps d'école et de collège une impression générale tout à fait favorable, dans laquelle je retrouve aussi quelque chose qui ressemble à un certain enchantement.

Il faut dire d'ailleurs que les Jésuites, au niveau collégial, loin de me fermer à la pensée et aux penseurs, à la littérature et aux arts, m'ont au contraire ouvert à ces choses-là, comme ils m'ouvraient à la poésie, ainsi qu'à des valeurs qui me resteraient. Sans que je m'en rende compte, leur enseignement m'amenait aussi, comme quelques-uns de mes compatriotes, à un savoir dont on ne peut dire vraiment qu'il s'enseigne: l'écriture, le style, la forme, l'art. Or, ce savoir-là, et le savoir aussi qu'obtient la réflexion critique, que je dois pour une grande part à ces Jésuites, je m'en servirais plus tard pour lutter, avec une partie de ceux de ma génération, contre l'enfermement dans lequel il est également vrai que les Québécois se trouvaient à cause d'une société tout de même maintenue (en grande partie par la faute des clercs) dans un passéisme et une étroitesse d'esprit fort contraignants, une drôle de chose qu'on pourrait appeler la Réaction permanente, dont nous étions affligés, qui nous était propre et que la Révolution tranquille a balayée.

   Ce que je découvre dans ma mémoire de 1931, de 1932, à l'école primaire que je fréquente, la première chose qui, de mon univers d'alors, me vient à l'esprit, c'est le sentiment de me trouver dans un milieu homogène, canadien-français, dont je n'apprends à aucun moment qu'il serait exceptionnel, inférieur ou marginal dans mon pays, et le fait est qu'il ne l'est pas, au Québec, territoire trois fois grand comme la France, à Montréal, seconde ville française du monde, nous dit-on. Il y a quelques classes anglaises dans cette école, mais ce fait n'a aucune importance. Je m'en aperçois à peine. Élèves francophones et anglophones n'ont aucun contact. On nous enseigne des rudiments d'histoire nationale. Et d'histoire sainte. On nous enseigne à lire, à écrire. On nous incite sans cesse à bien parler le français. On nous montre un peu d'anglais. La question de notre identité ne se pose pas. Pour résumer en mots d'aujourd'hui et d'adulte l'espèce d'assurance que je ressentais sans m'en rendre compte à cette époque, je vous dirai que nous n'avions aucun problème d'identité. Nous nous sentions aussi bien et naturellement établis dans l'histoire que vous-mêmes dans votre pays. Aussi à l'aise. Aussi normalement. Malgré tout, dirais-je. Soutenus en cela par une réalité étendue dans l'espace, probante par sa masse relative, convaincante aussi à cause de ses racines dans le temps et par les raisons qui semblaient nous expliquer aussi *l'avenir. Le temps sociologique ne galopait pas comme aujourd'hui, remarquez. Mais ce sont là des mots savants. Je m'en tiendrai à une impression générale: nous étions chez nous et cela allait tout à fait de soi. Un peuple, donc. Bien avant d'être une minorité d'anciens vaincus. Je ne me souviens pas, pour ce qui est de mon enfance et du début de mon adolescence, d'avoir éprouvé l'ombre d'un doute à ce sujet, ni par une diffuse impression de précarité, ni par le souvenir d'incidents qui m'auraient inquiété ou auraient inquiété mon entourage, comme c'est évidemment le cas de certaines minorités faisant face, dans leur impuissance politique et leur condition navrante, aux conséquences de leur faiblesse sans espoir, dans certains pays. Je me reporte à cette époque. Nous existons. Le Québec existe. La France existe. On nous en parle. C'est une grande puissance. L'Église catholique existe ; c'est même la seule Église qui vaille, à ce qu'on nous dit. Voilà nos assises. S'il y a des menaces, elles sont lointaines. Je ne les découvrirai que plus tard, par l'étude, par la réflexion.*

Il faut que le sentiment que je décris ici ait reflété quelque chose d'une réalité elle-même capitale et qu'il importe de retenir si l'on veut comprendre aujourd'hui l'essentiel de ce que nous avons été, qui est également, plus qu'on ne le penserait, ce que nous sommes toujours, une sorte de petite masse historique suffisamment compacte, que la succession des temps n'a pas annulée. Loin de s'annuler, force est de constater que cette masse, depuis la guerre, pour la première fois engagée dans le mouvement tumultueux de l'histoire à cause du fait que l'histoire brusquement s'accélère et s'universalise, cette masse distincte, dis-je, réagit par une accélération et une intensification tout aussi radicales, et ce sera la Révolution tranquille, et ce sera une poussée vers l'indépendance. Le Québec, donc, sans doute à cause de son assiette historique et politique, loin de se laisser avaler par la marée nouvelle de l'histoire, répondit, remarquez-le, par une affirmation redoublée de lui-même. Par conséquent, l'intuition *(inconsciente) de l'enfant que je fus avait été la bonne. Ce qu'elle disait, cette intuition, c'est que le Québec et les Québécois constituent un phénomène persistant, même à travers une révolution qui aura changé tant de choses en lui et chez lui. Il persiste, c'est sa loi. Éventuellement, au bout du compte, j'en ai peur, ce sera vraisemblablement sous la forme d'une histoire en déroute, roulant une minorité cette fois vraiment vaincue, mais cette minorité même sera persistante, inévitablement. On ne peut rien comprendre au phénomène québécois si l'on n'a pas d'abord saisi cette loi-là. Elle jouera encore au XXIe siècle, fût-ce contre nous, dans des temps alors bien changés, quand nous devrons porter notre différence et nos signes distinctifs dans des circonstances tellement adverses que nous ne saurons qu'en faire et que ces signes seront devenus pour nous très lourds — à moins que d'ici là nous ne fassions l'indépendance, ce qui n'est pas extrêmement probable.*

Après les années d'école primaire et l'enfance, il y eut l'adolescence et le collège, ce qui, de 1932, me conduit au printemps de 1940. Ces années de collège se passent pour moi loin des grands malheurs du monde. À partir de 1936 surtout, ce qui compte, à mes yeux, ce sont les lettres, c'est la philosophie, ce sont les arts (sans parler des sciences et des mathématiques, que les Jésuites enseignent aussi assez bien). L'instruction, pour la généralité des Québécois, n'est alors publique et gratuite qu'au primaire. Le niveau moyen de scolarité des Québécois est alors extrêmement bas. L'enseignement plus poussé se concentre presque entièrement dans les collèges classiques, dirigés par des communautés religieuses, mais cet enseignement est en pratique réservé à une petite minorité de la population et, à une ou deux exceptions près, je crois, il n'est pas accessible aux jeunes filles.

Qu'est-ce que je retiens, pour mon propos, de ces années d'études? Je retiens le souvenir de la culture. C'est une culture classique, mais ouverte aussi sur la modernité, par exemple sur la littérature du présent siècle et du siècle précédent. C'est une culture très structurée, structurée non seulement par l'équilibre d'un enseignement qui ouvre sur les différentes disciplines de l'esprit et même de la formation physique (le sport est très à l'honneur, au collège), mais structurée aussi par la pensée chrétienne ainsi que par la pensée du XVIIᵉ siècle français (non exclusivement, remarquez, et ceci est assez exceptionnel au Québec de 1936).

Mais l'essentiel de tout cela est disparu. La Révolution tranquille, dans les années 1960, l'a réduit à néant. Elle l'a remplacé plus ou moins par le système éducatif américain, un système critiqué sévèrement dès ce temps-là par les Américains eux-mêmes !... À la question de savoir ce que je retiens de mes années d'étude, j'ai répondu par la première idée qui me venait et c'est la bonne : je retiens la culture. Vous saisirez la différence avec le temps présent si vous songez qu'une telle réponse, pour les collèges des années 1970 et 1980, ne serait guère possible.

Cependant, pour les années 1930, il faut nuancer tout de même : l'enseignement tel que je l'ai reçu n'était pas dans ce temps-là quelque chose de répandu ; l'ouverture d'esprit des Jésuites n'était pas non plus commune ; de sorte que les critiques très dures que vous entendez par ailleurs touchant l'instruction dispensée par nombre d'institutions dans le Québec d'alors ont bien des chances d'être fondées, tant les témoignages à ce sujet convergent. Et il importe d'ajouter ceci, qui est de taille : la Révolution tranquille a démocratisé l'accès à l'enseignement collégial, ouvrant ainsi les portes de l'instruction aux masses, qui en avaient toujours été exclues à ce niveau, et cela représente certes un gain immense.

Un mot encore sur mon expérience des années 1935-1940. De quoi est-ce que je m'enthousiasme ? Comment vois-je le monde ? Comment vois-je le pays ? Je n'ai plus dix ans. J'en ai seize, dix-sept, dix-huit, et, grâce à l'enseignement, j'ai vu passer beaucoup de choses, j'ai vu

*passer l'histoire, et j'ai vu, dans les livres, la nation menacée.
Observez une chose, qui prolonge le sentiment non réfléchi
de mes dix ans : le pays est fortement présent dans ma conscience de jeune homme comme dans celle de la plupart de
mes condisciples, sans doute. Pendant les cours d'histoire, je
réagis non seulement en faveur du Canada français, pour le
Bas-Canada, pour la Rébellion de 1837, mais je réagis pour la
France, pour Jeanne d'Arc, pour le peuple de 89, pour le
grand nom de la France. Après 1965 environ, les jeunes,
grosso modo, n'apprendront plus l'histoire...*

*Et puis, la littérature, c'est Pascal, Corneille, Racine,
Molière, La Rochefoucauld, Descartes, Montesquieu,
Rimbaud, Verlaine, Péguy, Claudel, Valéry, et, à dix-huit ou
dix-neuf ans, je découvre Marcel Proust. La littérature,
alors, pour moi, c'est la littérature française. (Après 1965,
les jeunes n'apprendront plus guère la littérature, ni la
grammaire, ni la philosophie).*

*Je me revois à vingt ans, vers 1940 ou 1941. Comment
décrirais-je ce que j'éprouvais alors, ce que j'étais ?
Qu'était-ce que le Québec de cette époque, par opposition
au mouvement tumultueux qui s'est emparé de lui plus
tard ? Je découvre que je me sentais accordé à l'immobilité
ambiante et que j'étais moi-même comme suspendu dans
une expectative sans objet. Je ne crois pas que ce fût là une
disposition toute personnelle. Rien ne bougeait autour de
moi. Rien ne bougeait, je ne dis pas extérieurement, car il y
avait eu la Crise économique, il y avait la guerre, il y avait la
politique — la politique bouge toujours. Je veux dire : rien
ne bougeait dans les institutions, dans la psychologie, dans
les mœurs, dans la culture, ni dans la situation nationale
des Québécois, ceux-ci toujours soumis à des forces, toujours composant avec elles, les mêmes de génération en
génération, forces apprivoisées, reconnues, et je dirais
assimilées. Il n'y avait pas de grands espoirs dans cette condition générale, mais il n'y avait pas non plus d'effroi.
C'était une simple condition objective, c'était la nôtre,*

comme une donnée de la nature. Nous n'étions pas promis à grand-chose, ni à des triomphes, ni à des désastres, ni à la joie, ni à la douleur, ni à la gloire, ni à des tristesses trop lourdes, ni à la possession, ni vraiment à la dépossession, Nous n'avions pas grand-chose ; on ne nous enlèverait rien. Nous avions des terres, un territoire ; nous les garderions. Ce que nous étions était peu, mais cela se soutiendrait, comme paraissait le démontrer un long passé. L'avenir ne semblait pas devoir être très différent.

Cette situation, pour ferme qu'elle parût, n'était pas stimulante. Tout avait un peu la tranquillité des campagnes. Mon âme s'accordait à un pays qui, offrant peu aux individus qui le composaient, ne leur demandait que peu aussi. Il y avait du silence. Notre histoire se résolvait en une durée monotone mais rassurante.

Depuis 1840, notre politique avait surtout été faite de diplomatie, de ménagements, de progrès au ras du sol, de possession politique partielle d'un immense territoire, de forte croissance démographique, d'obéissance calculée au pouvoir, calculée par le haut clergé entre autres, d'extension de la propriété foncière, d'organisation sociale à nous. En 1940, cette pratique complexe et astucieuse était centenaire.

Nos mentalités, notre psychologie, nos aspirations, nos volontés et nos horizons s'étaient adaptés à cette façon d'être, qui était devenue une façon de penser. L'âme et l'esprit d'un peuple qui conquiert ne sont pas les mêmes que ceux d'un peuple qui se contente d'exister, faute de conquérir, faute de pouvoir le faire. Un peuple mesure mal son trop peu de pouvoir en pareille situation. Il faudra crier des vérités, qui sonneront alors comme des révélations. C'est ainsi que vers le milieu des années 1930, un livre dans lequel était décrite notre absence presque complète du monde des affaires et de l'économie industrielle fut publié à Montréal — Mesure de notre taille, de Victor Barbeau. Cet ouvrage eut du retentissement, tant la situation exposée *était désastreuse et inconcevable, et tant cette description arrivait à la masse des gens comme une surprise.*

Arrive la guerre, cette guerre non seulement lointaine mais, au Canada même, décidée contre notre gré par la majorité anglophone. Nous serons réfractaires à l'enrôlement. Nous sommes gouvernés par d'autres. Notre volonté politique n'est pas la leur. Encore une fois, on veut quelque chose de nous que nous ne voulons pas. On cherche à nous convaincre d'assumer des responsabilité internationales, quand nous n'avons aucune fenêtre directe et autonome sur le monde. Nous ne pouvons rien décider; pourquoi devrions-nous suivre ? Comme la plupart des Québécois d'alors, la politique que j'envisage coïncide avec les limites étroites de notre pouvoir. Nous voterons donc massivement contre la conscription. Celle-ci sera imposée néanmoins, tout comme cela avait été le cas un quart de siècle auparavant. Nous mesurons du coup notre peu d'existence. Les années 1940 seront celles d'une prise de conscience accentuée par ce qui vient de se passer. Il y aura des conséquences à long terme, comme vous le devinez. Dans mon souvenir des années 1940, je ne trouve plus trace du sentiment que j'avais ressenti enfant et adolescent touchant notre établissement discret, paisible mais assuré dans l'histoire. Au contraire, débute alors une époque de doute, d'inquiétude, d'inconfort — et d'atonie, mot sur lequel il faudra revenir, car il y a, je le découvre vers ce temps-là, une profonde perplexité chez les Québécois, et c'est en moi-même aussi que je la découvre. Pressentons-nous de nouvelles menaces, et démesurées, dans le monde que bouleverse et que transforme la guerre ? En tout cas, pour moi comme pour d'autres, de nouvelles questions commencent à se poser. Je dirai même : un état général de scepticisme, de passivité et d'indécision commence, qui est comme celui de quelqu'un qui ne sait plus trop, qui doute de soi et que son manque de confiance entrave. Cela durera plus ou moins jusqu'à 1960.

Un petit exemple vous donnera une idée de l'atmosphère que nous respirions au Québec, dans l'immédiat après-guerre. J'avais fait mes études de droit, je commençais à écrire un peu, je ne travaillais guère, je m'intéressais à la peinture, certains peintres étaient de mes amis, mais, sans être contraint, étais-je libre ? Bizarrement, non. Je remonte ici à 1946, 1947, donc à un an ou deux avant la parution de Refus global, *dont je vous reparlerai. Retenez que je pouvais mener une existence sans programme, sans devoirs bien marqués, sans surveillance d'aucune sorte (car effectivement il n'y avait rien de cela) — et ne pas me sentir libre. Je souffrais vraisemblablement du mal de toute une société : je souffrais d'une absence de liberté morale. Rien ne me retenait vraiment, comme individu, mais un poids plus subtil et plus lourd que celui d'un empêchement extérieur pesait sur moi. Je pense que je souffrais du mal d'une société qui ne vit pas. Non seulement cette société se sentait-elle toute resserrée par une morale qui descendait du jansénisme et par une hypocrisie sociale l'accompagnant, mais par ailleurs elle ne trouvait pas en elle-même et dans sa condition les ressources et les occasions nécessaires, dans cette vie raréfiée, pour s'épanouir, se redresser, créer, vouloir enfin. Elle ne se lançait guère plus de défis à elle-même qu'aux autres. La colonie française du Canada, devenue la minorité canadienne-française, était depuis longtemps laissée pour compte par l'histoire, — abandonnée plus ou moins aux conséquences d'une vie strictement contenue dans d'étroites limites, limites culturelles, limites économiques, limites politiques. Vous n'avez probablement pas idée, par votre expérience, de l'influence des limites sur le comportement d'un peuple. Rien ne diminue autant une collectivité, dans la mesure où justement elle les accepte pratiquement.*

Un jour, en 1946, je suis allé passer quelques jours à New York, avec une amie. Je ne saurais vous dire jusqu'à quel point ce contact non seulement avec New York mais avec le caractère libre, facile et bon enfant des Américains d'alors, sitôt la frontière passée, fut à nos yeux extraordinaire et reste pour nous inoubliable. Cet exemple peut peut-être vous rendre sensible, par contraste, l'état de la société fermée qu'était la nôtre.

La psychologie québécoise des années 1940, telle que je puis du moins en juger à travers le souvenir de la mienne, est complexe. Nous attendons, mais qu'attendons-nous? Cette attente est vague. Idéalisme, mais sentiment d'impuissance. Passivité. Les faits, de toute évidence, ne nous appartiennent pas. La réalité échappe à notre emprise; nous n'avons ni emprise, ni empire. Je rêve d'une œuvre personnelle ou collective, littéraire ou politique. Ce rêve est un songe, ou un pressentiment. Le temps passe alors, sans moi, sans nous. Nous traduisons le désert qui est autour de nous, qui est en nous. Saint-Denys Garneau, dont je reparlerai, l'a fait dans des poèmes admirables. Nous exprimons ce désert par une espèce de suspens, qui est le contraire d'un suspense. Sans nous en rendre compte, nous tournons le dos au passé, et le passé, ce sera plus tard, à nos yeux, une autre époque, décidément et définitivement close avec la guerre, mais nous n'en sommes par encore conscients. Avant 1960, nous n'appartenons pas encore à un avenir, à aucun avenir, ni politique, ni littéraire, ni rien. C'est là une constante toujours menaçante du destin québécois. Elle est redevenue sensible aujourd'hui.

Je menais pour ma part une existence marginale, faisant sans aucun goût des études de droit de 1940 à 1943, touchant en dilettante aux lettres, aux arts, ne m'animant que contre la conscription, contre la guerre.

*Avant 1960, nous avions à subir le mépris qui flottait généralement, diffus mais peu douteux, dans les attitudes des anglophones à notre égard. Le mépris, le jugement muet, hostile et dévalorisant, l'impolitesse chronique et sourde, la condescendance malveillante — ou bienveillante —, le refus systématique de parler français en plein Montréal. *I am sorry, I don't speak French, *nous répondait-on, non sur* *un ton d'excuse mais d'agacement ou d'arrogance. J'allais vraiment oublier de vous parler de cela. C'est un souvenir que je dois refouler, je suppose. Mais il est important d'en dire un mot. Car il ne s'agissait pas de faits rares et plus ou moins accidentels, mais d'une situation et d'un climat. Ceux-ci n'ont pas compté pour peu dans l'explosion nationaliste des années 1960 et 1970. Dans la rue, dans les magasins du centre-ville, dans plusieurs restaurants de la partie ouest de Montréal, c'était la même chose. Adolescent, je ne m'en étais guère aperçu pourtant. Mais par la suite, j'ai longuement vécu cette invisible oppression, cette ségrégation latente, et j'ai longtemps absorbé ce subtil poison, qui empoisonne en effet. C'est une des choses dont nous redeviendrons victimes, si un certain rapport de forces bascule comme il menace de le faire.*

What does Quebec want? *demandaient toujours les anglophones. Ils ont obtenu une réponse claire, finalement : les Québécois voulaient l'indépendance; ils voulaient tout. Les anglophones posaient cette question parce que, au fond, ils ne pouvaient apercevoir mais seulement pressentir, dans les revendications séculaires des francophones, une chose plus profonde mais non formulée qui était justement une totalité, une totalité sans laquelle les parties ne peuvent guère exister. Notre politique était tronquée. Elle ne devenait radicale que lorsque nous refusions carrément quelque chose : la conscription, par exemple. Mais autrement nous ne savions pas bien nous-mêmes si nous voulions aller décidément quelque part. Notre revendication fondamentale, non formulée pratiquement, ne visait pas seulement l'avoir mais l'être. Cela ne se réduit pas en éléments comptabilisables. Alors,* What does Quebec want?*, c'était une question logique mais née de la perception confuse qu'avaient les anglophones de notre aspiration à être. S'ils posaient cette question, c'était sans doute parce que, sans s'en rendre compte, ils voulaient nous pousser à formuler la partie souterraine de nos volontés générales, et c'était aussi parce que cette* *partie-là était pour eux irrecevable et qu'ils la refusaient déjà. Le refus était déjà dans la question. C'était, si vous voulez, la question peu amène qu'on pose parfois au sujet d'un importun, dans les relations individuelles. « Qu'est-ce qu'il me veut encore, celui-là ? ». Et l'on est encore moins intéressé alors à refuser ce qu'il peut désirer qu'à repousser l'importunité et, plus généralement, et surtout, à se débarrasser si possible du fâcheux auquel on ne veut rien donner de toute façon. Le refus de l'avoir est d'abord un refus de l'être, dans ce cas. Tel est toujours le rapport dominant-dominé. C'est à quoi nous devions constamment faire face, avant la Révolution tranquille.*

J'ignore — mais je devine — jusqu'à quel point notre immobilisme séculaire a pu jouer dans les trois crises principales que nous avons vécues entre 1914 et 1980, crises nationales, bien entendu, et je ne parle pas ici de la Crise économique. Crise de la conscription, durant la première guerre; nouvelle crise de la conscription, durant la deuxième ; enfin la question de l'indépendance, jusqu'au référendum du 20 mai 1980. Dans les trois cas, le mouvement de l'histoire avec un grand H venait de frapper à notre porte. Cela venait déranger une existence somme toute protégée, et déranger une longue habitude de la paix. Non seulement de la paix mais d'un ajustement assez extraordinaire de notre réalité, d'une part, et des forces généralement sauvages de l'histoire, d'autre part, — un agencement spécial et qui avait longtemps duré, comme si l'histoire s'était faite à notre présence et avait fini par se mouler tant bien que mal sur nous. Soudain l'histoire, se réveillant, allait défaire cet accord relatif, nous sortir de notre lit, nous envoyer d'abord nous mêler des guerres européennes. Il n'était pas écrit, dans nos montagnes, dans nos vallées, sur nos terres, loin de l'agitation, retranchés dans nos vérités propres et de peu de prestige, que nous devions aller faire la guerre au bout du monde. Ce n'était pas non plus dans le contrat tacite qui avait fini par se former entre nos vieux adversaires et nous, et par se

*marquer ainsi dans des frontières depuis longtemps stabi-
lisées. On nous sortait de notre condition. La brusquerie de
ce réveil ne nous convenait pas. Ce n'est pas ainsi que nous
avions appris les choses. Notre situation était statique
depuis fort longtemps. Alors on comprendra que lorsqu'il
s'est agi pour nous de nous acheminer vers l'indépendance, de 1960 à 1980, nous avons, pour la moitié d'entre
nous, senti que cela équivalait à rompre un vieil équilibre,
à entrer de plain-pied dans l'histoire, à y courir des risques
jusque-là restés dans les marges de notre existence collective, bref à quitter soudainement des sûretés ou ce que nous
tenions pour tel. Par trois fois, nous avons réagi négative-
ment à l'apparition trop mouvementée de l'histoire dans
nos affaires.*

*Après la guerre débute l'époque du questionnement
moderne au Québec. L'ancienne stabilité s'étant dérobée
sous nos pas, l'esprit critique remplira des consciences que
désertent les certitudes traditionnelles. Cette critique sera
d'ailleurs le fait de groupes restreints d'intellectuels
ou d'artistes, de certains éléments universitaires, d'un parti
politique — le parti libéral de Georges-Émile Lapalme —
et d'une partie du mouvement syndical. Pendant quinze
ans, tout sera remis en question, sondé, pesé, contesté,
combattu : l'esprit de l'Église québécoise, la religion
elle-même, le nationalisme, la stagnation culturelle, le gouvernement Duplessis, l'art académique (particulièrement
sous l'influence de Pellan puis de Borduas, le maître de
Riopelle et maître lui-même), le système d'enseignement,
l'extrême pauvreté de la littérature, l'indigence du savoir,
le capitalisme, en un mot tout le passé devant tout l'avenir.
L'Amérique est loin d'avoir effectué pour elle-même un tel
brassage, universel et radical, à la faveur duquel, vers la fin
de cette période, l'ordre social et même la constitution du
pays seront remis en question. Cela couvre, en gros, dix
années avant 1960, de dix à vingt années après. Évidemment, il ne s'est rien passé de comparable au Canada
anglais, sauf par l'influence de la Californie.*

C'est une période charnière. Car des choses fermentent. Des signes étonnants vont surgir, dans ces mêmes années, ou un peu plus tard. On sait aujourd'hui qu'ils étaient annonciateurs. Ils seront néanmoins rares. Ils se présenteront comme isolés ou insolites, et nous n'y verrons guère alors que des événements-champignons, comme sans causes et sans effets ; mais en eux, sur eux, se concentreront la vie, dirais-je, et l'attention de tous, et un surprenant début de ferveur. J'en oublie, je n'en retiens qu'une dizaine, certains d'ailleurs choisis arbitrairement par moi, parce qu'ils m'importèrent à l'époque. Les voici.

La page se tourne, et c'est à mes yeux d'aujourd'hui, pour moi, la mort de Saint-Denys Garneau, survenue en 1943, qui marque le passage. Poète très pur, délicieux, le dernier d'avant 1940, le premier qui ait été divin et artistiquement irréprochable, il disparaît à 31 ans, en laissant une œuvre poétique restreinte mais incontournable, en plus d'un journal désolé et d'une correspondance de névrosé, pleine de délicatesse, de mélancolie, de spiritualité morbide et janséniste. Garneau, dont l'œuvre à peine ébauchée s'impose à l'histoire littéraire, appartient à l'autre époque, qu'il ferme, en pratiquant un art qui cependant appartient indubitablement à celle qui suivra, mais il exprime malgré lui la mort, la maladie, l'échec. La page est tournée.

Voici maintenant, en vrac, des augures positifs, et ce sont plus que des augures. Alfred Pellan, peintre, revient de Paris avec la guerre. Vers le temps où Garneau meurt, Pellan impose dans l'art la modernité, la force, le courage, l'imagination, la couleur, la création. Peu de temps après, à l'école des Beaux-Arts de Montréal, où il enseigne, il sera l'instigateur principal et le drapeau d'une révolte dirigée contre l'académisme et contre un nommé Maillard, directeur de l'école, qui démissionnera.

En 1946, Gérard Picard est élu à la présidence de la Confédération des travailleurs catholiques du Canada (du Québec en réalité). C'est une date négligée dans ce qu'il nous arrive de lire sur la période. Elle marque pourtant le tournant de l'histoire sociale et syndicale du Québec et véritablement le début de la Révolution tranquille avant la lettre. Trois ans plus tard, en 1949, éclatera la grève de l'amiante, au sujet de laquelle toute la société québécoise prendra parti, pour ou contre, tout comme, jadis, la France avait pris parti pour ou contre Dreyfus.

En 1947, Gabrielle Roy gagne à Paris le prix Fémina pour son premier roman, Bonheur d'occasion, *qui rompt avec l'art plus ou moins folklorique du passé. Roger Lemelin, vers le même temps, publie* Au pied de la pente douce, *roman qui marque la même rupture.*

Paul-Émile Borduas et son groupe, en 1948, lancent, avec un extraordinaire fracas, le manifeste intitulé Refus global. *Ce fut là un des actes majeurs qui introduisirent le Québec moderne.*

Le parti libéral du Québec entreprend une critique systématique du régime réactionnaire et anachronique au pouvoir et pose les premiers jalons politiques de la Révolution tranquille à venir.

Il faut signaler aussi l'essor de la Faculté des sciences sociales de l'université Laval, qui rompt avec un certain passé académique.

Enfin, en juin 1950, paraît le premier numéro de Cité libre.

Avant la Révolution tranquille, c'est la Réaction qui assumait la défense de valeurs et de certaines institutions qui, tout de même, auraient mérité, elles, de n'être pas sacrifiées au changement. Mais en même temps, par contre, elle défendait ce qui avait absolument cessé d'être acceptable, en particulier la pensée figée. Il en est toujours ainsi avant les révolutions. La Réaction exerçait ce curieux monopole. J'ai mentionné par exemple l'enseignement du cours classique, qu'il aurait fallu garder en l'adaptant.

Pendant la Révolution tranquille, il ne s'est pas trouvé d'esprits révolutionnaires pour proposer d'éviter des destructions inconsidérées en ce domaine. Nous avons bazardé ce que nous avions, nous avons adopté le système américain et nous avons illico construit d'immenses écoles pour le loger partout sur le territoire. Nous enterrions du même coup notre propre expérience (notre propre « expertise », comme on dit aujourd'hui, improprement d'ailleurs) en même temps que nombre de nos institutions.

La Réaction s'était également affichée comme la championne des droits constitutionnels du Québec. Le parti socialement plus avancé qu'était le parti libéral provincial pendant et après la guerre avait tendance à laisser le gouvernement fédéral empiéter dans les domaines de compétence provinciale. La Réaction représentait donc à ce point de vue la nation — mal et fâcheusement souvent, certes, car c'était la Réaction, mais elle le représentait. Comme, en même temps, elle défendait un ordre de choses devenant d'année en année plus intolérable et sclérosé, au tournant des années 1950 nombre d'esprits progressistes se tournèrent non seulement contre le gouvernement Duplessis, qui incarnait au gouvernement cette réaction, mais contre le nationalisme lui-même. Je devins pour ma part encore plus antinationaliste que mes camarades de Cité libre. *Et puis, il y avait autre chose: la lutte contre la réaction fut également synonyme de la lutte syndicale et sociale. Tout cela se tenait ensemble. Les forces de notre histoire commençaient à se définir par le mouvement, contre l'immobilité. Je surprendrai peut-être quelques personnes en disant que la revue* Cité libre, *dont le legs explicite le plus clair fut une pensée fédéraliste et qui fut d'ailleurs une pépinière de fédéralistes, dont deux ou trois devinrent célèbres, fut aussi, pour avoir contribué à la libération du mouvement politique, social, culturel, une des causes objectives de l'indépendantisme. Mon propre nationalisme, à terme, est sorti de cette lancée.*

Les groupes et les mouvements dont j'ai fait partie, tout au long des années 1950, Cité libre, les syndicats, le Parti social démocratique (nom français de la CCF), étaient aussi des lieux de désintéressement. La formation intellectuelle de la plupart de ceux qui travaillaient dans ces groupes était française et chrétienne, puisée dans la pensée catholique de gauche et même dans le socialisme européen. Notez cette origine, car cette pensée européenne se retrouverait par exemple éventuellement dans celle de la Confédération des syndicats nationaux, nom sous lequel l'ancienne C.T.C.C. fut connue à partir de 1960. Tout ce qui bougeait, au Québec, entre 1950 et 1960, dans ces groupes, dans ces mouvements et dans le parti socialiste que j'ai mentionné était profondément réformateur, en même temps qu'humaniste et démocrate. N'oubliez pas non plus ce mot « démocrate ». Il vous servira quand nous voudrez lire l'histoire de l'indépendantisme et l'interpréter. Je vous le souligne à double trait. Il vous expliquera notamment que le mouvement indépendantiste ait pu progresser pendant vingt ans sans tomber dans le fanatisme ni dans la haine, si l'on excepte l'action d'une poignée de très jeunes gens qui, au cours des années 1960, eurent recours à des moyens violents. Les Québécois ne se reconnaissent d'ailleurs pas dans ces quelques actions isolées. Il vous faudra méditer sur un nom particulièrement éminent, qui représente vingt ans de cette histoire exemplaire, celui de René Lévesque.

Dès 1950, j'ai lié ma vie aux causes syndicales, besognant, négociant, plaidant, contestant, de mon mieux, et ce faisant, n'ambitionnant rien pour moi (comme c'était d'ailleurs assez généralement la règle à la C.T.C.C.) et n'arrivant à ambitionner que peu pour le pays ; car les lendemains, comment les apercevoir, dans ce Québec qui s'éveille à peine aux choses nouvelles et dans lequel ne pensez pas qu'on pût avoir foi comme on a foi dans une puissance. C'est la lutte de l'immédiat, au coude à coude avec des travailleurs qui se défendent comme ils peuvent, pour des objectifs quotidiens et limités, terrain d'une guerre dont on n'imagine pas qu'elle travaille aussi l'histoire. Cette modestie des ambitions collectives, ce peu de confiance, étaient d'ailleurs généraux.

Chacun fait sa partie dans le Québec par ailleurs encore trop léthargique d'alors, s'il est de ceux qu'un goût nouveau d'action, de changement et de pensée créatrice, en réaction contre le milieu ambiant, anime et pousse à intervenir. Il n'y a pas de grand projet collectif, le projet, par exemple, d'une révolution nationale à venir, à laquelle personne, à mon souvenir, ne songe. C'est beaucoup plus simple : les gens agissent pour et sur ce qui dépend d'eux directement, sans mission générale, pour des objectifs précis et distincts les uns des autres. Mais il est visible, rétrospectivement, qu'un peu partout, ou plutôt çà et là, le Québec s'exerce à vivre. Pour ma part, j'écris de temps à autre un article pour Cité libre, sans croire à ce qu'il pourrait produire de conséquences même minimes. Je fais de l'action syndicale, pour la liberté des travailleurs et en haine de l'injustice et du mépris. En 1954, j'adhère au parti socialiste canadien, désigné sous son sigle anglais, C.C.F., sans escompter grand-chose de mon geste ni de ce parti. Et c'est de la même façon, à la pièce, que j'observe, tout de même, ce qui arrive dans d'autres quartiers, — des événements ayant le relief de la rareté relative, qui chacun nous réjouit parce qu'enfin du nouveau, du différent et parfois même du subversif se produit et a pour nous l'éclat de toute création. J'en ai mentionné quelques-uns il y a un moment.

Les actions syndicales, elles, n'ont pas ce caractère de faits insolites et clairsemés, car le syndicalisme, par avance, est déjà une force de révolution en exercice, sans qu'on puisse pourtant le concevoir alors comme annonçant ce qui sera l'œuvre des décennies suivantes, c'est-à-dire un changement radical dans presque tous les domaines. Il ne s'agit plus, au reste, d'un mouvement plus ou moins humble et ne prenant pas toute sa place dans la cité. Bien que *combattu âprement, le syndicalisme s'affirme comme une force sociale majeure et une force politique par surcroît, car forcément il combat le régime. C'est, pour lors, par une action sans système théorique bien déterminé. Mais des fréquentations individuelles d'auteurs travaillent indirectement le mouvement syndical. Pour ma part, par exemple, à cette époque, je lis l'*Histoire du mouvement ouvrier, *d'Édouard Dolléans, une biographie de John L. Lewis, dont je ne me rappelle plus le nom de l'auteur ; je lis aussi* In Place of Fear, *de Bevan,* Le Manifeste communiste, *etc. Je rejette le syndicalisme d'affaires américain, qui compte un plus grand nombre de membres que la C.T.C.C. au Québec même. En 1959, j'écris un essai d'une centaine de pages sur la question. Je sais que le syndicalisme de la centrale où j'œuvre est plus exigeant, plus absolu si j'ose dire, et s'interroge davantage, bien qu'elle adhère, au moins verbalement, à la doctrine sociale de l'Église. On verra plus tard les conséquences, bonnes ou mauvaises, de certaines sources idéologiques européennes, après que la Confédération des travailleurs catholiques du Canada sera devenue, en se laïcisant, la Confédération des syndicats nationaux. Et l'on se rendra compte que le Québec n'est pas tout à fait l'Amérique...*

Le syndicalisme préparera donc la Révolution tranquille, non pas en l'annonçant, mais en la commençant véritablement une quinzaine d'années à l'avance. Les syndicats n'avaient pas absolument manqué de vigueur avant 1945, il s'en faut. Mais, à partir de 1945, ils seront saisis par un élan nouveau, et la C.T.C.C., en particulier sous l'impulsion de Gérard Picard et aussi de Jean Marchand, respectivement président et secrétaire général de la centrale, passera en quelques années à la tête des forces de transformation sociale, non tout à fait pour le nombre de ses adhérents mais pour la virulence de son action et l'ampleur implicite de sa pensée. La C.T.C.C. sera le principal adversaire du régime Duplessis, mis à part le parti d'opposition. Elle sera de plus une école d'action sociale et politique, la

*base sociale d'une pensée contestataire qui ira se dévelop-
pant, l'un des tout principaux points d'ancrage symbolique
des diverses forces qui commencent à répandre des idées
de changement au Québec, le drapeau d'une liberté moderne dont les gens commencent à rêver, la base également
de la revue* Cité libre, *dont quelques membres du comité de
rédaction font comme moi partie du mouvement syndical
ou en sont proches, Pierre Elliott Trudeau et Gérard
Pelletier, qui la dirigent, et Jean-Paul Geoffroy, comme moi
permanent syndical. On verra le Québec moderne surgir, et
surgir brusquement, par la grève de l'amiante, événement
dans lequel plusieurs voient aujourd'hui la date de naissance du Québec contemporain. Nous sommes en 1949.
Cette grève, vous le savez, fit un bruit immense. Les esprits
progressistes, les étudiants, le journal* Le Devoir, *l'épisco-
pat, appuient les grévistes; le gouvernement Duplessis, le
parti au pouvoir, le monde des affaires, sont contre. Des
camions de vivres convergent de plusieurs points vers la
région minière impliquée. Les dons affluent. L'opinion
s'agite. L'affaire aura des rebondissements jusqu'à Rome.
«J'ai entendu toutes les structures sociales craquer», me
dira Marchand deux ou trois ans plus tard. Entre-temps,
Monseigneur Charbonneau, archevêque de Montréal,
aura été exilé dans l'ouest du Canada. On le prétend
malade. Nous sommes en 1950. La grève est terminée
depuis longtemps. Je travaille à ce moment-là à la
Presse canadienne comme traducteur de dépêches.
Un jour, arrive, en provenance de Victoria si j'ai
bonne mémoire, une dépêche contenant une déclaration
de Mgr Charbonneau, qui affirme qu'il n'est aucunement
malade. Le chef de l'information du bureau prend cette
malencontreuse dépêche, qui ne peut pas circuler au
Québec, vous pensez bien, et il la met au panier...*

La volonté vue comme une cause directe et efficace
d'histoire ne fut vraiment découverte par nous que vers la
fin des années 1950 et pendant toute la durée de la
Révolution tranquille, y compris, a fortiori, toute la période

*indépendantiste jusqu'au référendum. Le mouvement syn-
dical, comme je l'ai dit, avait cependant anticipé.*

*Après 1960, les changements, survenus tant à cause
d'un extraordinaire sursaut de notre part que du déferlement simultané d'une modernité venant à peine de
trouver les moyens de se répandre internationalement, se
firent chez nous avec la netteté et le bruit d'une fracture. Le
Québec est peut-être le point du globe où l'opposition de
deux époques et l'on peut dire de deux ères s'est manifestée
avec le plus d'impact, de soudaineté et d'efficacité. Comme
si le monde s'était brisé chez nous. Comme si l'épicentre de
ce séisme occidental eût été très précisément la vallée du
Saint-Laurent... Comme si nous en avions été les premières
victimes, à cause de notre position géo-politique plus
avancée, plus vulnérable. Le maillon québécois de la
chaîne occidentale, de ce point de vue, était le plus faible.
La culture traditionnelle, qui y était plus concentrée, plus
protégée que partout ailleurs, plus inaltérée en apparence
mais moins vivante je crois bien, plus à l'abri qu'ailleurs en
tout cas à cause de notre singularité presque insulaire,
n'était néanmoins pas soutenue par une population suffisante, ni par une assise politique suffisamment
souveraine. Insulaires, du reste, nous l'étions même par
rapport à la France. Alors, quand les causes universelles de
bouleversement se sont manifestées, notre insularité a
cessé brusquement et aussitôt nous avons changé nous-
mêmes incroyablement.*

*Le Québec a fait ou subi, a fait et subi, une véritable
révolution. On a beau l'appeler tranquille parce qu'elle
fut pacifique, ce fut une révolution au sens fort. En matière
de culture, il n'y en eut pas de plus complète, elle a produit
toutes sortes d'effets disparates, chaotiques, heureux,
malheureux, bienfaisants, désastreux, — culturels,
économiques, sociaux, et politiques, bien qu'à ce dernier
chapitre, ses effets, quoique spectaculaires un temps,
demeurent fort incertains, c'est le moins qu'on puisse dire.*

De sorte que le Québec est aujourd'hui méconnaissable à de multiples et importants égards. En vingt ans et moins, nous avons changé d'époque.

Le Québec qui, avant la Révolution tranquille, était connu pour son étrange immobilité, a changé plus rapidement, et plus légèrement, et plus profondément, que tout autre pays n'ayant pas fait de révolution violente. En 1940, personne n'aurait pu prévoir pareille dégringolade, pareille libération, pareil essor. Voyez ces trois mots si différents et jusqu'à un certain point opposés. Ils disent assez que le mouvement qui nous a saisis produisait des effets spectaculaires et contradictoires, force lâchée qui agissait dans tous les sens.

La Révolution tranquille, ce sera de notre part une tentative non pas d'abord pour changer mais pour exister. Elle aboutira tôt à la diffusion rapide de l'indépendantisme, selon la même logique. Nous en aurons assez d'être agis. Et alors, nous tenterons deux révolutions, pas seulement une : la première, sur nous-mêmes, pour nous changer nous-mêmes, pour faire éclater nos propres entraves, comme je le dis, mais au fond pour exister ; et la seconde, pour essayer de nous emparer des pouvoirs indispensables non seulement à l'autonomie de gouvernement par rapport aux autres, mais indispensables à notre propre santé intellectuelle et morale, et à cette existence.

Il y a le « fond » et, en un certain sens, les « formes ». Le fond, c'est le pays, c'est nous, le pays dont l'existence pèse en nous son inévitable poids, et ceci est encore bien vrai présentement, bien que nous en soyons provisoirement moins conscients. Les « formes », c'est un certain nombre de choses, tout ce que la Révolution tranquille a plus ou moins liquidé ou rendu méconnaissable. Ce qu'il faut savoir, c'est que cette liquidation de ce que j'appelle ici assez abusivement les « formes » s'est effectuée non seulement sans abandonner les idées de pays et de nation, mais en les rappelant au contraire de l'exil où les penseurs *mêmes de cette révolution les avaient d'abord réduites. Cela est extrêmement remarquable bien qu'on ne l'ait jamais beaucoup souligné. La Révolution tranquille qui, par ses sources depuis 1945, procédait d'une critique au nom de laquelle même le nationalisme avait été puissamment contesté, s'affirme comme fortement nationaliste et le gouvernement de même. Ainsi se trouvèrent liés, pour deux décennies à venir, d'une part une critique qui n'avait rien épargné du passé, pas même le patriotisme québécois, qu'elle avait de fait rejeté, et, d'autre part, le patriotisme lui-même, plus que rentré en grâce... Tout, par la suite, fut entrepris dans ce mouvement double et complexe de désaliénation. Le fond persistant dont je vous parlais et que ma sensibilité d'enfant avait perçu sans s'en rendre compte, se fondait maintenant avec les éléments qui lui avaient été indifférents ou hostiles mais qui ne l'étaient plus. Cela aussi peut servir à l'intelligence du Québec, pour le passé comme pour l'avenir.*

On peut se demander si nos valeurs d'avant la Révolution tranquille et la culture qui était alors la nôtre n'avaient pas eu un caractère artificiel puisque, dès les lendemains de 1960, tout cela n'a pas pour ainsi dire décrû mais littéralement s'est effondré comme une construction vermoulue. En dix ou vingt ans, l'essentiel, sauf la langue française, a en bonne partie disparu, comme s'il n'avait eu jusque-là aucune nécessité. La pratique religieuse, la domination si étendue du clergé, la famille, les mœurs, l'enseignement classique, l'esprit historique, mais aussi, par contre et heureusement, la sclérose, la fixation sur le passé, l'esprit d'infériorité, l'acceptation pratique du statut de dominé, toutes ces choses ont diminué ou se sont évanouies comme par magie. Comment cela fut-il possible ? Avions-nous vécu dans une coquille vide ? Car enfin la société québécoise était fortement structurée, et d'autre part ses sources lointaines avaient tout de même l'ampleur et la profondeur historique de celles de l'Occident, puisque c'étaient les mêmes. La culture et les pratiques religieuses, par exemple, eurent, en ce qui me concerne, suffisamment d'authenticité pour nourrir et donner forme à mon agir jusqu'à ce que j'abandonne définitivement ces pratiques vers 1950, — et je dois ajouter que depuis lors, cette culture ne m'a pas vraiment quitté et commande toujours, indirectement mais véritablement, à mes attitudes, à mes aspirations, à mes livres eux-mêmes, en dépit du fait que j'ai participé à fond à la Révolution tranquille. Donc, cette culture traditionnelle n'était pas superficielle, et je vous en donne mon témoignage personnel, dont je suppose qu'il ne vaut pas que pour moi seul ou pour seulement un très petit nombre.

Pour la société québécoise dans son ensemble, la liquidation soudaine d'une grande partie du passé fut massive et étendue. Comment concilier les termes de cette apparente contradiction ? Je ne sais trop. Peut-on prétendre que les traditions québécoises tenaient à peu de chose ? Je ne le pense pas. Mais alors, sans doute faut-il s'aviser d'une loi redoutable, à savoir que les cultures sont beaucoup plus fragiles qu'on ne l'aurait cru jusque-là. Notre époque a d'ailleurs découvert des secrets inédits sur les moyens d'agir contre elles. Quel enseignement ! Le Québec peut, il me semble, enseigner ceci : les cultures sont fragiles et un vaste courant ou les données d'une conjoncture nouvelle sont à n'importe quel moment susceptibles de les emporter. Et puis nous en savons davantage sur les moyens d'action délétère désormais à la portée de nos civilisations, surtout l'américaine. Peu de choses résistent à cette corruption aussi insidieuse que puissante. On devrait être très attentif à ce qui s'est passé au Québec, à ce qui continue de s'y passer. Pour ce qui est des cultures de l'Europe, dominantes depuis des siècles, je ne jurerais pas que les procédés à l'œuvre contre elles n'en viendront pas à bout dans un temps relativement court. La dissolution dont je parle se développe à un niveau inférieur. Vous n'en avez pas encore une idée suffisante en Europe. Cette dissolution, qui s'insinue par le bas,

n'atteint pas seulement les degrés inférieurs d'une civili-
sation. Les glissements modernes de civilisation n'ont pas
encore été assez étudiés pour notre époque, si différente
de toutes celles qui l'ont précédée sous ce rapport. Mais
nous, Québécois, nous en avons déjà une expérience
saisissante.

Personne au Canada n'a vécu aussi intensément que
nous, Québécois nationalistes, Québécois indépendan-
tistes, de 1970 à 1980 en particulier. Cette période fut
vécue par moi comme par presque tous les militants, par
quelques dizaines de milliers de militants, dans des états
d'émotivité aussi changeants que vifs, aussi nombreux
que dramatiques. Nous étions engagés totalement. Les
positions que nous défendions étaient rationnelles, mais
il n'était pas question de raison dans notre façon de réagir
intérieurement. Nous passions par toutes les nuances du
sentiment : l'anxiété, l'enthousiasme, la joie, l'abatte-
ment, — surtout dans certaines périodes cruciales, et par-
fois jour après jour. Les Québécois sont mobiles et souvent
peu conséquents, mais ils ne sont pas impassibles. Cette
description des événements par leurs effets sur notre
affectivité ou notre moral, si elle est singulière, vous per-
mettra tout de même de comprendre par l'intérieur
l'importance de l'enjeu dans cette histoire. De toute ma
vie, je n'ai rien connu de pareil. L'âme était toute engagée
dans notre action, dans nos pensées. Ne vous étonnez
donc pas de la dépression morale qui a suivi le 20 mai
1980. Nous n'en sommes pas encore sortis.

Vous avez pu vous rendre compte d'une chose : c'est
que le Québec est pour les Québécois une entité à la fois si
certaine et si douteuse, si nécessaire et si aléatoire (l'oppo-
sition radicale de ces termes, l'opposition quasi
déraisonnable de ces termes contradictoires est à souligner,
car elle correspond à des réalités présentes simultané-
ment dans nos consciences), que, pour eux, en ce qui
touche le pays, tout tourne autour de la question sans

cesse irrésolue de Hamlet : être ou ne pas être. Tout est sans cesse en question, dans cette question. Posséder un pays, une langue, un pouvoir, une force relative, dont on se demande précisément, au moment où l'on en parle , en 1950, 1960, ou aujourd'hui en 1988, si leur possession n'est pas précisément l'aspect transitoire, positif et trompeur d'un phénomène plus objectif et sans comparaison plus profond et continu de dépossession en progrès...

Je vous ai montré le sentiment que j'en avais autrefois, sentiment variable mais toujours donné comme une réponse à la question toujours double que nous nous posons : indubitablement, nous sommes ; le fait de notre existence comme peuple véritable, voire comme nation nous est une évidence immédiate ; mais en même temps cette assurance historique et présente, ce sentiment d'existence, aussi naturel et complet en son fond que celui de n'importe quelle nation, s'accompagne d'un autre sentiment qui la plupart du temps y est égal : celui de la grande précarité de ce même être, une précarité évidemment plus accentuée aujourd'hui. Enfant, comme je vous l'ai raconté, j'ai constaté d'une certaine manière le fait de notre existence nationale, toujours confirmée depuis. Puis, au collège, j'ai commencé à sentir le doute et, à la fois, comme une réponse idoine et d'égale force, la volonté d'être. Plus tard, j'ai vécu dans une ambiance désolée, et alors, si quelqu'un créait quelque chose, chaque fois c'était à nos yeux comme la manifestation d'un effort pour exister, contraire aux indications inquiétantes qui toujours nous accompagnent. Enfin, il y eut le grand élan des années 1960 et 1970, qui fut un grand mouvement d'existence, alors que nous avons tenté, par toutes nos forces d'abord libérées puis rassemblées, de nous constituer enfin tels que nous sommes et de nous instituer en fin de compte dans l'histoire, car l'histoire commençait d'agresser les peuples de toute sa puissance moderne, et le nôtre plus que tout autre, — ce qui était radicalement nouveau. Mais j'ajoute — exemple additionnel et non pas contraire — : pensez aussi à la désorganisation et à la déroute morale qui a suivi le référendum de 1980 ; preuve, non d'inexistence, mais d'existence, la même, mais renversée, et de mauvais augure.

J'ai publié un recueil d'articles et autres textes politiques dans la période qui a précédé immédiatement le référendum. Il y avait un grand débat sur la question qu'on allait poser au peuple, question prudente, alambiquée. Chacun feignait de s'interroger sur le sens qu'il fallait lui donner. Mais cette interrogation sur le sens de la question, c'était un exercice fort inutile. Le sens, au fond, en était clair, et fort peu de gens, à mon avis, s'y sont trompés. Cette apparente perplexité m'a alors suggéré le titre de mon livre, un livre rapide et hâtivement rassemblé en vue d'apporter par ce moyen ma contribution. Le titre disait tout : To be or not to be, that is the Question. *Voilà à quoi tout se résumait, en effet, et spécialement la fameuse question. Les faits ont prouvé suffisamment que c'est ce dont il s'agissait.*

L'extrême difficulté d'être, pour nous, tout en étant: telle fut et demeure la condition des Québécois. L'effort constant ou sporadique, public ou privé, collectif ou individuel, pour exister dans cette condition, ou au contraire la démission, la fatigue, la fuite, (la « fatigue culturelle » dont a parlé Hubert Aquin), telle fut et demeure l'histoire québécoise que j'ai vécue; car j'ai, au sens fort, vécu l'histoire, je ne l'ai pas seulement regardée intellectuellement passer.

L'effort pour être, l'effort séculaire pour être, fourni par un peuple qui est et qui ne peut pas ne pas être, malgré sa condition précaire, vous en aurez retracé les manifestations rares ou nombreuses dans l'histoire dont j'ai tenté de vous décrire l'essentiel par l'image, comme au cinéma. C'est cet effort qu'on a voulu briser et voilà, une fois encore et plus dramatiquement que jamais, ce qui a été brisé cette fois-là — et pour combien de temps ?... On a brisé ceux qui collectivement s'exerçaient, comme jamais auparavant, à être, et qui allaient y réussir. Vous comprenez ce qu'on a fait ? On a

détruit de l'existence, de l'excellence présente et poten-
tielle, de la vertu (au sens classique de ce terme), de la
diversité, de l'espérance, et éventuellement des œuvres qui
succéderaient aux œuvres.

La Révolution tranquille n'est pas morte uniquement
de sa belle mort. Elle est morte parce qu'elle a été tuée. La
Révolution tranquille a été tuée parce qu'on a mis en échec
cette moitié d'elle-même qu'était la Révolution nationale.
Elle n'a pu alors que s'arrêter. Cela devint sensible dès le
début du second mandat du Parti québécois, dès 1981. Il y
eut certes à cela d'autres causes : une certaine fatigue du
mouvement, l'usure du pouvoir, la crise économique, mais
à mon avis ces causes n'auraient probablement pas joué
autant sans le choc du Référendum.

Il y eut, au Québec, de 1960 à 1980, un condition-
nement réciproque du mouvement socio-politique et du
facteur national (et cette vérité brille sans arrêt sur ces vingt
ans, sauf une interruption de 1966 à 1970), tout comme il y
avait eu, avant la guerre, un conditionnement réciproque
du facteur national et de l'immobilité.

Par deux fois, la volonté de changement socio-politique
a emprunté le véhicule du nationalisme, d'abord en 1960, de
la part d'hommes politiques dont plusieurs avaient d'abord
rejeté le nationalisme, suivant la pensée des années 1950,
puis, en 1976 et avant, de la part de ceux qui l'avaient au con-
traire invoqué. Il faut donc croire que ce ne fut pas par hasard.
À la faveur de cette double inspiration qui n'en
faisait qu'une, les vingt années qui vont de 1960 à 1980
ont été une période de créativité générale. La société québé-
coise a au contraire tendance à s'abandonner, à se
dissoudre, lorsque la cohésion nationaliste se relâche. Il ne
faut s'attendre à rien d'un peuple qui se laisse aller, et ce
semble être une loi universelle. La perspective pour nous d'un
tel abandon, c'est la dissolution lente et mal venue dans un
état intermédiaire, sans caractère et sans forme, infécond et
bâtard, dont il n'y a guère à attendre que notre infériorisation.

L'enthousiasme pour les valeurs est un produit des valeurs. De même un peuple se donne à soi-même son propre exemple et c'est une valeur, ou bien il s'en détourne. Je vois, sur des dizaines d'années, des personnes, des groupes, et à l'occasion le peuple lui-même massivement, sporadiquement ou pour une période prolongée, se donner, dans l'une des situations les plus paradoxales et les plus instables du globe, des exemples de non-conformisme historique répondant à cette situation. C'est une grande leçon et qui déborde de beaucoup l'intérêt de notre propre avenir même. L'univers, naturellement, peut se passer de nous, notre sort n'a pour lui que peu d'importance, mais ce dont le monde ne peut se passer, c'est qu'il y ait çà et là des collectivités qui luttent, dans les conditions où elles se trouvent placées, pour exister. Autrement, quelle serait la vertu d'un monde fait d'une juxtaposition d'inexistences? Quelque chose comme le Canada idéal, sans doute...

Qu'adviendra-t-il de nous, phénomène historique insolite? Déjà nous fournissons l'exemple des effets sur un peuple et sur une nation de l'accélération inouïe de l'histoire. Or, les temps se rapprochent aussi pour de grandes nations. Ce sera une révolution, tranquille elle aussi et apparemment sans douleur. Les peuples subiront forcément les effets d'une accélération stupéfiante de l'histoire.

Comment et à cause de quoi ce dépaysement continu, phénomène nouveau, s'opère-t-il? À cause des techniques, notamment, bien sûr, mais aussi à cause du fait que, pour la première fois dans l'histoire, le commerce est le maître et le pivot de la culture, qu'il détermine jour après jour, via la télévision, le cinéma, d'innombrables publications lucratives et le mode de vie influencé par lui d'une manière majeure. Et c'est également la première fois que, vu les moyens modernes de diffusion et de communication, tout individu, des centaines de milliers de simples individus, autant dire tout un chacun, sont les inventeurs quotidiens d'une civilisation défaite, de sorte qu'il ne s'agit absolument plus maintenant de ce qu'on pourrait appeler une civilisation enseignée. Mais qu'est-ce qu'une civilisation non enseignée ? C'est la question qui désormais se posera partout.

Beaucoup de choses intéressant le monde sont actuellement préfigurées au Québec.

Pierre Vadeboncœur

Mars 1988

Chapitre 7

Le champ de la culture

« *Il n'y a de beau que l'indéchiffrable* »
(*L'Absence*)

L'âme est pour une part importante de l'ordre de l'ineffable. Comment en parler, si elle est aussi secrète ? Comment parler de l'âme à celui qui n'a aucune conscience qu'elle puisse exister ? Comment expliquer le goût de la pomme à celui qui n'en a jamais mangé ? Dans la mesure où une civilisation nie l'existence de l'âme ou ne lui fait pas de place, elle n'est pas disposée à entendre la parole de l'âme ni la parole sur l'âme. Le robot ne sait même pas qu'il n'a pas d'âme.

La raison ici n'est d'utilité que subsidiaire car l'âme est plus grande que la raison. C'est en ce sens peut-être que Pascal disait que « l'homme dépasse l'homme ». L'âme ne se prouve pas, ne se démontre pas. On ne va pas à elle par des raisonnements. Vadeboncœur ne vilipende pas la raison. Ce qu'il rejette, c'est la prétention de la raison à tout expliquer, à couvrir tout le champ de la connaissance, c'est la prétention moderne à réduire la connaissance au domaine de la raison, et spécialement de la raison instrumentale. Il cite Simone Weil : « Nous savons au moyen de l'intelligence que ce que l'intelligence n'appréhende pas est plus réel que ce qu'elle appréhende » (*L'Absence*, p. 84). C'est pourquoi « l'intelligence doit agréer ce qu'elle est inapte à comprendre » (*Ibid.*, p. 114).

Il y aurait un long travail à faire sur l'anti-rationalisme de Vadeboncœur. Nous y avons déjà fait allusion. Qu'il suffise de faire remarquer ici qu'au nom de la raison, on ampute souvent la réalité d'une de ses dimensions capitales. « Le délire linéaire de la raison raisonnante est quelque chose de mal connu, mais c'est pourtant la plaie de notre époque » (*Un génocide en douce*, p. 60). La raison devrait nous aider à appréhender la réalité, mais il arrive qu'elle prétend soumettre la réalité à ses normes, elle l'enferme dans un système. Elle opère une réduction des faits à ses propres schémas. Parfois la réalité proteste et fait éclater les cadres que la raison veut lui imposer. C'est l'explosion de la contestation ou de la révolution. C'est la vie qui proteste contre les forces asservissantes. Vadeboncœur voit dans les manifestations contestataires ou révolutionnaires des récriminations de l'âme. La réalité est ailleurs, elle est au-delà des raisons de la raison. Contre les abus de la raison systématisante, la vie pose des faits. Ils traduisent un appel de l'âme. Accueillir ces faits qui dérogent à l'ordre établi, c'est accueillir l'âme, mais c'est aussi entrer en dissidence.

En certaines occasions, donc, l'âme se manifeste. Elle s'impose à la conscience comme par effraction. Elle occupe la place. Cela peut se produire dans un mouvement de civilisation comme celui de la contestation que nous venons d'évoquer, et dans une expérience individuelle. Vadeboncœur, contrarié, «refoulé par l'inhospitalité du monde extérieur» (*Les deux royaumes*, p. 33), se retrouve seul avec son âme. Il découvre une dimension de la vie à laquelle il n'était pas sensible. C'est en ce sens qu'il parle de «conversion». Il s'agit d'une mutation qui change sa perception de l'existence et du monde.

Mais quand on a pris conscience que l'âme existe, qu'elle est là, à l'écart, comme une musique, comme une présence discrète, comme un continent à explorer, comme un paradis fermé, comment trouver le chemin qui y mène? Car l'âme n'est pas préhensible. Elle est ce qui échappe à toute catégorie. Elle est autonome par rapport aux contraintes de la réalité, Elle est insaisissable. De même que pour le mystique, la présence de Dieu est vécue comme une absence, un manque — «Si le monde ne parlait tant de vous, mon ennnui ne serait pas tel», écrit Claudel —, parce que Dieu est l'autre, l'illimité, de même l'âme n'est pas conceptualisable, elle n'est pas mesurable, elle est située «derrière le rideau», dirait Simone Weil. [37] N'arrive jusqu'à elle que celui qui lui agrée. Il s'agit de présence bien plus que d'argumentation, d'accueil que de contrainte. L'âme n'est pas au bout d'une démarche logique, parce qu'elle n'est pas de l'ordre de la raison. Elle est «espérance, chagrin, sourire intérieur, émotion divine, musicalité» (*Trois essais sur l'insignifiance*, p. 112). La démarche de Vadeboncœur traduit un besoin d'éprouver la réalité, de traduire une manière d'être, d'accueillir l'être. Comme le dit Roussel de Péguy, il tente d'établir «une relation de l'homme avec la plus haute partie de soi-même». Il ne s'agit pas de «démontrer, de définir, de prouver. On ne prouve pas la vie»[38].

---

37. Simone Weil, *La Pesanteur et la grâce*, p. 49.
38. Jean Roussel, *Péguy*, p. 109.

Vadeboncœur, comme Péguy, «est, en définitive, l'homme d'une vérité sentie et indémontrable»[39]. Il parle de sentiment, de contact. Simone Weil parlait d'attention. L'esprit s'arrête, regarde, il est disponible, et l'être se manifeste à lui, d'une manière tout à fait imprévisible. «Les biens les plus précieux ne doivent pas être cherchés, mais attendus», écrit-elle. [40] Mais il faut être capable de les accueillir.

Dans *Trois essais sur l'insignifiance*, Vadeboncœur a décrit le spectacle d'un monde dont l'âme est absente. Ce qui occupe le premier plan, dans cette société, c'est le fait brut, l'acte brut, les automatismes, l'ardeur, l'éclat, la vigueur du geste, la figuration. L'activité humaine est réduite à une réaction à un stimulus, à un slogan, à une consigne. Dans ce monde, rien n'a une valeur en soi, tout est objet de convoitise, tout peut être possédé frénétiquement. L'acte humain ressemble à un ressort qui se détend.

L'âme, elle, est attente, hésitation, respect. Simone Weil parle de «distance entre ce qu'on est et ce qu'on aime». Parce que la réalité, sans doute, est irréductible à notre appréhension. «Reculer devant l'objet qu'on poursuit. Seul ce qui est indirect est efficace. On ne fait rien si l'on n'a d'abord reculé.»[41]

❧

On n'entre pas au royaume de l'âme comme le dompteur d'ours entre dans la cage pour dresser la bête sauvage, ou comme le mécanicien qui s'installe au poste de commande de son appareil. L'âme règne dans son royaume, et elle est étrangère aux bruits de la cohue, aux occupations utilitaires, aux nécessités contraignantes. Elle est toute entière à son dialogue avec «ce qui est joie dans l'univers». Elle est attentive à sa propre musique et à celle du monde, et elle n'accueille dans son château intérieur que celui qui en est digne. Ce qui définit le mieux l'âme, c'est peut-être l'idée d'autonomie par rapport à tout ce qui est différent d'elle, parce qu'elle est ouverte sur la transcendance, et c'est son regard sur le monde qui est marqué par cette position privilégiée. C'est tout cela qui fonde l'univers

---

39. *Ibid.*, p. 73.
40. S. Weil, *Attente de Dieu*, p. 93.
41. S. Weil, *La Pesanteur et la grâce*, p. 135.

de la culture que Vadeboncœur définit comme « le culte de l'âme »
(*Trois essais sur l'insignifiance*, p. 47).

La dernière moitié de l'œuvre de Vadeboncœur est consacrée presque
entièrement à ce «culte de l'âme», qui prend la forme d'une célébration
de l'art et de l'amour. Nous étudierons ces deux activités aux chapitres
suivants, mais auparavant, je voudrais m'arrêter à une démarche qui n'est
pas exclusive à Vadeboncœur, mais qui est utilisée de façon plus explicite
par lui et qui s'insère tout naturellement dans le mouvement de sa réflexion.
Cette démarche, c'est ce qu'il appelle un recours. L'expression revient
assez souvent pour qu'il vaille la peine de s'arrêter, et surtout parce qu'elle
rend compte des détours que peut emprunter l'esprit pour accéder au
royaume de l'âme.

Ce dernier, nous l'avons dit, n'est pas situé au terme d'un raisonnement.
Et surtout, contre la logique du système qui a annexé la raison, la raison ne
peut rien. Il faut sortir de la chaîne des raisons, il faut trouver un moyen d'intervenir de l'extérieur dans l'engrenage des mécanismes de
« réification de l'homme ». C'est dans cet ordre de préoccupations que
J. -M. Domenach propose le recours à «l'utopie d'une cité où ce qui touche à
l'homme prendra le pas sur les fatalités grossières »[42]. Dans *Indépendances*,
ce que Vadeboncœur propose comme correctif à un monde envahissant, c'est
le recours au moi, à l'individu. Contre une réalité, on a recours à une autre
réalité. Il ne s'agit pas de débattre une question. À un fait, il s'agit d'opposer
un autre fait. C'était le sens des mouvements de contestation. Le sens aussi de
la révolte des jeunes qui, contre la décadence de la société, recouraient à la
vie. On n'avait pas à se justifier (*Indépendances*, p. 107).

Le recours est essentiellement axé sur l'altérité, sur autre chose. Il fait
la preuve que ce qui se présente comme une nécessité ne l'est pas puisque
voici autre chose. Vadeboncœur ne pousse pas son idée jusque-là, mais
on pourrait montrer que le recours est en quelque sorte la racine
du prophétisme. Face à une réalité qui se croit totale, absolue, le prophète
pose une autre réalité, une autre évidence. L'altérité est ici effective.
Le prophète ne réfute pas les faits positifs. Il ne les nie pas. Il affirme
qu'existe le Tout-autre, celui qui est irréductible aux diverses expressions

---

42. J. -M. Domenach, *Le Retour du tragique*, p. 292.

culturelles, et qui leur enlève donc leur caractère d'absolu. [43] Il replace l'absolu où il est, c'est-à-dire dans l'infini, l'illimité.

Si l'on suppose une société qui a perdu tout sens de l'âme, cette société ne peut pas dans un même mouvement pratiquer un culte de l'âme et en nier l'existence. Elle ne peut à la fois être démunie du sentiment de la réalité de l'âme, et chercher à honorer cette réalité. Un changement de situation ne peut être provoqué que par un recours à des réalités qui, elles, sont pénétrées du rayonnement de l'âme, qui sont la preuve de son existence, son illustration en quelque sorte.

Dans l'œuvre de Vadeboncœur, le recours à l'enfance me semble être de cet ordre. Vadeboncœur raconte dans *Les deux royaumes*, comment la prise de conscience de la déshumanisation du monde moderne le secoua violemment, et comment il se sentait démuni devant le déferlement de cette nouvelle inculture. Il écrit: «Je n'ai peut-être écrit *Un amour libre* que pour me placer d'emblée dans la lumière originelle» (*Les deux royaumes*, p. 30). Et plus loin: «J'ai demandé tout mon secours à l'enfance» (*Ibid.*, p. 45). Dans *Indépendances*, les ressources vitales de la jeunesse se présentent comme une protestation de la vie contre les abus de la société technologique.

L'art, considéré par rapport à la situation de la culture dans la société moderne, constitue un recours de première importance. Non seulement il contribue à nous donner une intériorité mais il est «notre intériorité même» (*Les deux royaumes*, p. 46). Il nous garde des simplifications, il nous maintient dans le sentiment de la complexité de l'être. Nous analyserons plus loin la conception de la fonction de l'art chez Vadeboncœur, mais pour le moment, pour éclairer cette idée de recours, retenons qu'il permet d'avoir accès à la dimension transcendante de l'âme, à son ouverture sur l'ineffable.

Il en va de même pour l'amour qui est «le recours exceptionnel» (*L'Absence*, p. 129). Par la femme aimée, l'homme aimant accède à une expérience de l'être. Il y a plus, dans l'amour, que l'amour lui-même, comme nous verrons.

Un recours d'un autre ordre mais non moins révélateur est l'émotion, qui est de soi liée à la sensibilité, à la sincérité, à la manière d'être individuelle

---

43.   Voir Michel de Certeau, *L'Étranger ou l'union dans la différence*, et Claude Tresmontant, *La Doctrine morale des prophètes d'Israël*.

de l'être humain. L'émotion, prise dans ce sens très large, exprimant la réaction de tout l'être à une réalité, en sait plus long que l'intelligence, et ouvre parfois la porte sur des paysages inattendus. On devrait toujours s'arrêter à ce que l'on sent (*L'absence*, p. 51), parce que dans cette perception globale s'exprime parfois la présence de l'invisible.

Cette idée de recours répond aux exigences d'une démarche de connaissance indirecte et convient très bien à la poursuite de la connaissance des réalités de l'âme. Le recours à une réalité autre que celle que l'on a directement en face de soi, déplace l'attention, renouvelle notre vision du monde, dévoile un aspect imprévu de la réalité. Il peut être une voie d'accès au transcendant, à l'inconnu. Il permet d'avancer par un procédé d'exploration plus que de progression logique. Il sert celui qui ne démontre pas mais qui regarde.

Peut-être le regard est-il plus adapté à la réalité de l'âme que le raisonnement ou la compréhension, parce qu'il est plus respectueux de son autonomie. Le regard, l'attention, traduisent une ouverture, une disponibilité plus qu'une mainmise ou une possession. Dans la mesure où l'âme est ouverture sur l'inconnu, sur la transcendance, elle ne peut être connue que par le contact parce que nos facultés ne peuvent la circonscrire.

C'est pourquoi le service de l'âme est de l'ordre de la liberté, on pourrait presque dire de l'ordre du jeu. Il comporte toujours une part d'inattendu, d'imprévu. Il se situe en marge de ce qui dans l'existence est utilité pure, de ce qui est mesurable, de ce qui est nécessité. « Le dernier mot de tout et en réalité le premier, le seul, ne sera pas une vue de l'intelligence, même assurée, mais quelque révélation passée ou future, l'irruption de ce qui est, trouant tout discours » (*L'Absence*, p. 133-134).

Vadeboncœur écrit qu'on ne va pas à l'être directement mais « par ruses et par secrets » (*L'Absence*, p. 87). Ces ruses et ces secrets définissent en quelque sorte le champ de la culture, et permettent de dépasser ce que l'écrivain appelle le « réel de premier degré » (*Ibid.*, p. 55). Ils permettent d'échapper à « l'obnubilation réciproque des êtres par rien d'autre, hélas ! que leur présence concrète » (*Ibid.*, p. 57).

L'écrivain produit ses œuvres patiemment, obstinément, sans trop savoir où il s'en va. Il traite de l'art, de l'amour, de la société. En réalité, toutes ces analyses constituent une tentative plus ou moins consciente d'explorer le monde de l'âme. Elles témoignent de l'extrême richesse de la vie humaine quand elle permet à l'âme de s'exprimer, de se développer, d'inspirer les actes, de les imprégner.

Chapitre 8

L'interrogation de l'écrivain

« *L'expression écrite, c'est presque l'âme même* »
(*L'Absence*)

Là où se manifeste peut-être le plus le caractère imprévisible de la présence de l'âme, c'est dans l'écriture. L'écriture gratuite, pratiquée à nulle autre fin qu'elle-même, même si elle s'adresse à quelqu'un ou s'applique à cerner un sujet, est la voie d'expression par excellence de l'âme. « L'expression écrite, c'est presque l'âme même » (*L'Absence*, p. 63). À l'écrivain elle apporte «une mesure additionnelle d'intensité d'être.»

Écrire, c'est faire appel au pouvoir évocateur des mots. Les mots débordent de sens. Ils s'enracinent dans la réalité la plus vibrante et jaillissent dans le texte comme des entités autonomes, créant leur sens selon la place qu'ils occupent dans la phrase. Tout écrivain invente sa langue à partir d'un nombre indéfini d'éléments qui lui sont proposés.

La répétition chez Péguy, comme le mouvement de ce qu'on pourrait appeler la « fugue » chez Vadeboncœur, exprime certes une démarche méditative, une insistance sur une impression, un sentiment ou une idée, mais elle constitue aussi un recours au sens suggéré par les mots. L'écrivain s'en remet à eux, en quelque sorte, il les fait agir, les laisse parler, les écoute. Écrire, c'est recourir aux ressources infinies de la langue pour traquer l'ineffable. Dans l'écriture comme dans le reste, l'art ne se fabrique pas. L'écrivain ne fait que mettre en place des conditions qui permettent à l'être de se manifester. Il range ses mots sur la ligne et il regarde ce qui se passe. Il écoute ce qu'ils disent. Ce qu'ils ont à lui apprendre est imprévisible. « …ils aboutissent inévitablement à un imprévu qui est une création » (*L'Absence*, p. 27). Ainsi il est vrai d'affirmer que «tout ce que nous disons dit autre chose» (*Ibid.*, p. 33), car à notre insu les mots portent des sens qui nous échappent, ils regardent ailleurs, ils n'acceptent pas de se limiter pour nous satisfaire. Recourir aux mots, «écrire, c'est laisser entrer l'inconnu à pleine porte» (*Ibid.*, p. 81).

Ceci est d'autant plus vrai que chez Vadeboncœur, ce qui préoccupe l'écrivain, c'est moins l'expression d'une pensée précise qu'une prise de conscience vécue, sensible. L'implicite, l'inexprimé, le non-dit sont dans cette perspective aussi importants, et même plus, que le contenu explicite de l'écrit. Ce qui est premier, c'est l'expérience d'écriture comme réalité subjective, comme manière d'être, comme moyen de s'insérer dans la réalité, comme effort de comprendre, comme démarche interrogative. Écrire, est un exercice de présence à soi-même et au monde. Vadeboncœur souscrirait sans doute à cette idée de Marcel Proust: «C'est du fétichisme de croire que la beauté est hors de nous, que nous n'avons pas à la créer.»[44]

J'ai porté à la connaissance de Vadeboncœur les pages qui précèdent, et dans une lettre qu'il m'adressait, il a apporté quelques précisions sur l'image de la «fugue» que je suis heureux de consigner ici, et qui illustrent bien sa manière. Il affirme que si ce qu'il écrit fait penser à une fugue, c'est que «ce qui serait développement d'une idée dans un texte de spéculation ordinaire est souvent chez (lui) au contraire un cheminement, c'est-à-dire quelque chose qui va vers l'idée pour la découvrir vraiment plutôt qu'une série sortie de l'idée posée dès l'abord. L'idée, entrevue, agit comme un pôle et tire vers sa nébuleuse un mouvement toujours imparfait, ou inachevé… Ainsi le thème donné dans une fugue: c'est un point de départ dont la suite seulement révélera presque tout du contenu caché. Au départ, il n'y a qu'une mélodie stimulante, quelques notes à peine. Si le compositeur s'arrêtait après les premières mesures, il n'aurait rien dit. Seule toute la fugue a une réalité». Ce qui plaît à l'écrivain, dans cette manière de précéder, c'est que, peut-être, «si la démarche est heureuse, on va de petite découverte en petite découverte. Cela est très différent d'expliquer en quelque sorte académiquement, une première (et dernière) idée qu'on a eue». Le mouvement de la pensée ici ne prend donc pas la forme du développement d'une idée, mais celle d'un cheminement vers une idée à découvrir, ce qui traduit tout à fait, il me semble, le sens de la démarche d'une écriture comme effort d'ouverture de la conscience à l'être.

Si l'on adopte maintenant le point de vue du lecteur, on remarque que l'écriture, telle que la pratique Vadeboncœur, s'articule sur deux

---

44. M. Proust, *Essais et articles*, p. 580-581.

mouvements apparemment opposés mais en fait complémentaires. Elle est rentrée en soi et projection vers le monde.

En un sens, toute écriture authentique est un acte de dissidence, parce qu'elle répond à une nécessité intérieure, au grand mépris de toutes les pressions qui s'exercent sur l'individu, parce qu'elle est une activité qui n'entend répondre à personne de ses raisons, parce qu'elle n'entend tirer ses raisons que d'elle-même. C'est pourquoi l'écriture est une expérience suprême de liberté, d'autonomie. La dissidence de Vadeboncœur a certes une dimension sociale, mais c'est ma conviction qu'elle correspond tout autant aux exigences de distanciation qu'impose le type d'expérience d'écriture qu'il pratique. L'écrivain revendique une liberté totale et n'entend répondre qu'à ses propres interrogations. Il prête l'oreille aux révélations que l'être lui fait dans le secret. C'est en ce sens que Rilke disait que l'artiste n'écrit que pour lui-même, qu'il n'a de compte à rendre qu'à sa conscience. [45] Et de même George Steiner: «Ce n'est que dans un profond silence que la vérité peut être appréhendée.»[46] L'écriture est comme l'écho du dialogue de l'homme avec l'être, et ce dialogue est intraduisible. C'est lui qui soutient toute l'architecture sémantique, mais il n'est pas formulable. «Les plus belles pensées sont celles qu'on n'écrit pas,»[47] disait Renan, parce que cela est impossible, parce qu'elles sont trop simples, trop immergées dans l'inconnu, comme ces sculptures mysté-rieuses de Michel-Ange, qui rayonnent mais dont les formes sont encore diffuses dans le marbre. Parce qu'on n'arrive jamais à dire vraiment ce qu'on voudrait, car la parole s'arrête toujours en chemin. Parce que toute parole s'adresse toujours à quelque chose qui la dépasse. Nous le savons bien, au fond, que la parole même la plus limpide est comme un voile sur l'inconnu.

C'est ce côté privé, intime, secret, particulier de la pratique de l'écri-ture, qui relève de la démarche mystérieuse de la création, qui faisait dire à Cioran: «On ne devrait écrire des livres que pour y dire des choses qu'on n'oserait confier à personne.»[48] L'écriture de Vadeboncœur, dans ses derniers livres, semble surgir des territoires les plus intimes de la

---

45. Rilke, *Journaux de jeunesse*, p. 27.

46. G. Steiner, *Réelles présences*, p. 266.

47. E. Renan, *Marc-Aurèle*, p. 30.

48. Cioran, *De l'inconvénient d'être né*, p. 37.

conscience, à l'abri des regards de la galerie. Elle est une manière de faire le guet, d'assister à la manifestation de l'être, de la provoquer. Je pense à ce que disait Mallarmé de ce même exercice : « Qui l'accomplit, intégralement, se retranche. »[49] Il s'agit d'écouter une voix intérieure. On peut bien entendre le bruit de la foule, on peut même s'y mêler parfois, mais il ne faut pas se laisser distraire. « Il faut s'efforcer de rendre avec la plus grande fidélité possible le modèle intérieur. »[50]

Mais la rentrée en soi n'est pas une chute dans le vide. Elle est le premier pas vers une rencontre première, celle de l'âme. L'homme qui plonge en lui-même y trouve son âme, et celle-ci est indissociable de l'univers, elle en est la réplique, elle le contient, elle est plus grande que lui. Quand Vadeboncœur écrit qu'il pourrait rêver indéfiniment (*L'Absence*, p. 49), il ne dit pas qu'il tourne à vide. Justement il nous prévient qu'il ne rêvasse pas. Il contemple, il saisit (*Ibid*, p. 49). Et qu'est-ce qu'il saisit ? Rien d'autre que l'être. « La seule aventure du monde consiste vraisemblablement dans l'effort constant et extrême de l'être pour se river à l'être et ne plus jamais s'en voir bannir » (*Ibid*. p. 132).

Si l'écriture est un exercice de retrait, elle est tout autant un exercice de présence, de participation, je dirais même d'appropriation. Elle veut s'approprier le sens de toute chose, pour le restituer dans un acte de création. Elle traque le durable dans le passager. Elle libère le sens de l'amorphe. Elle « donne une version insolite de toute réalité dont elle s'empare ». Elle fait « affleurer les signes d'éternité présents dans le moindre réel mais maquillés » (*Ibid*. , p. 59).

C'est tout cela, je pense, qui explique le caractère rigoureux de l'écriture de Vadeboncœur. La perfection ici est un souci constant, comme la recherche de la précision, de la nuance.

Il y a une manière d'écrire qui emprunte ses moyens au commérage, au papotage, aux lignes ouvertes. La pente naturelle de cette logorrhée est la futilité et la vulgarité. Cela donne une phrase dégingandée, désarticulée, j'allais dire extériorisée. Il y en a une autre qui fait penser à un flux

---

49. Mallarmé, *Oeuvres complètes*, p. 48.

50. M. Proust, *Essais et articles*, p. 645.

silencieux. Elle a recours au prestige de la langue, à ses ressources secrètes, à la sensibililté de l'esprit, à la musique de l'invisible. L'écriture de Vadeboncœur est de ce type.

Elle n'est pas en soi difficile, ni complexe. Elle est au contraire limpide et vraie comme l'être, mais ni complaisante, ni courtisane. Si Vadeboncœur semble parfois difficile pour l'homme actuel, c'est peut-être que ce dernier est influencé par l'instantanéité des annonces publicitaires, c'est qu'il est habitué à capter des messages utilitaires qui ne s'adressent pas à l'esprit mais à l'œil, pas à la pensée mais à la cupidité. La lecture de Vadeboncœur demande de l'attention, de la concentration, et même une certaine disposition à accueillir le message de l'invisible. Non vraiment, celui qui ne recherche que le sensationnel ou le tumulte, est mieux de ne pas se mettre à Vadeboncœur.

Mais celui qui est disposé aux grands départs, alors, il sera comblé. Ce qu'il trouvera chez l'auteur de *Les deux royaumes*, de *L'Absence*, de *Pour une pensée heureuse*, et de tous ses autres livres, ce sera l'occasion de faire une pause dans une oasis, de prendre le temps de regarder ce qui se passe en lui et autour de lui. Vadeboncœur ne lui propose pas des idées abstraites ou de grands développements. Ce ne sont pas tellement les idées qui comptent parce qu'elles ne rejoignent que ce qui est conceptualisable (*L'Absence*, p. 95). Vadeboncœur est un artiste qui s'exprime par l'essai, ce qui donne des textes qui ressemblent à de longs poèmes en prose, qui traduisent une expérience et non des théories. Il n'est pas descriptif ni analytique. Il est métaphysique en ceci qu'il dégage le sens, il définit, mais à partir de l'expérience, non du raisonnement. Sa réflexion sur l'art est une pratique de l'art. Elle n'est pas didactique. « Je pratique les choses, je ne les enseigne pas, » écrit Vadeboncœur (*L'Absence*, p. 72).

Vadeboncœur a très bien décrit sa manière quand il a précisé sa conception de l'essai. « Qu'est-ce qu'un essai, selon ma conception ? C'est une œuvre qui, par le moyen de réponses censées réduire l'inconnu et le mystère, suggère primordialement des réponses énigmatiques. Et puis ce ne sont pas des réponses, c'est plutôt un contact. Mais un contact lui-même inexprimable. Contact universel, peut-être. Les lettres existent pour cela avant tout. Elle font le pont avec l'éternité. Elles partent avant l'heure, et avec une joie ! » (*L'Absence*, p. 93).

L'écriture, un «contact». Un moyen d'entrer en contact avec l'être. Et je pense qu'il serait juste d'affirmer qu'une évolution se produit dans l'écriture de Vadeboncœur au long de son œuvre: la part de raisonnement ou d'argumentation s'amenuise progressivement au profit de la saisie directe de l'expérience. Vadeboncœur pourtant n'a jamais pratiqué les grandes argumentations. Il laisse plutôt parler les faits, la réalité. Ceci étant dit, on peut admettre, avec toutes les nuances qui s'imposent, que son écriture, qui dans la première partie de son œuvre était surtout l'expression d'une pensée, se transforme dans ses derniers écrits en une démarche qui est de l'ordre de l'art. Il n'écrit «pas précisément pour les idées mais pour toucher des réalités» (*Le Bonheur excessif*, p. 7).

Chapitre 9

Le sentier des livres

« Mais qui donc, sachant quelque chose,
écoute l'ignorance et l'esprit ? »
(Indépendances)

Pierre Vadeboncœur a écrit plusieurs pages pénétrantes sur des auteurs québécois et français. Pourtant, il n'est pas un critique littéraire. Il ne soumet pas les œuvres à une grille préétablie. Il ne les analyse pas pour porter sur elles un jugement critique. Il les interroge plutôt et leur demande ce qu'elles ont à répondre aux questions qu'il se pose. Il les situe par rapport à lui, ou se situe par rapport à elles. Il n'agit pas en critique, mais en lecteur. Chacun de ses textes est le témoin d'une rencontre. Une rencontre qui peut aller très loin, et donner lieu à des considérations sur l'art, la vie, la pensée, et naturellement sur l'œuvre elle-même. Mais jamais ces réflexions ne prennent l'allure d'une étude théorique.

Ainsi, en lisant *L'Épouvantail* d'André Major, il se demande «à quoi tient l'immense pouvoir de l'évocation romancière» (*Les deux royaumes*, p. 59-60). C'est une manière de s'interroger sur le pouvoir de l'art, ici du roman. Qu'est-ce que l'art ? Qu'a-t-il à nous apprendre ? Comment s'y prend-il ? En quoi le personnage de roman est-il différent de l'individu que l'on côtoie tous les jours ? Quel est ce monde auquel il appartient et qui n'est pas le nôtre tout en l'étant ? Ce monde a une qualité spéciale, il est doté d'une «incontestable perfection d'être», comme s'il atteignait à un absolu (*Les deux royaumes*, p. 63). Il emploie du «réel relatif», et pourtant, il «laisse, le long des lignes de l'imprimé qui le porte, une seule trace profonde, une trace d'être, d'impérissable, d'absolu et d'éternel» (*Ibid.*, p. 64). La lecture de Major fait comprendre à ce lecteur curieux que l'artiste, consciemment ou non, dote des réalités même prosaïques ou futiles, d'une qualité d'être toute spéciale donnant ouverture sur l'invisible. «Par le truchement de l'éphémère, il fixe le fuyant éternel» (*Ibid.*, p. 71). Et cette réflexion se poursuit sur des pages et des pages. Il sera question de Balzac, de Stendhal, de Graham Greene, de Zola, et d'une foule d'autres qui sont convoqués pour apporter eux aussi un peu de lumière sur cette réalité étrange qu'est l'art.

Dans son chapitre sur Rousseau, il introduit son sujet en se demandant « par quelle amitié ou quelle fixation » il reste « attaché au personnage de Rousseau, celui des *Confessions* surtout, et à deux ou trois de ses livres » (*Ibid.*, p. 109). On voit donc ici encore le ton personnel du développement. Mais la rencontre mérite d'être évoquée rapidement.

Vadeboncœur parle « d'accords proprement indiscutables » entre lui et Rousseau, « qui tiennent aux pentes du sentiment et du besoin » (*Ibid.*, p. 109). On pourrait dire qu'il raconte une expérience de lecture. Il nous fait le récit d'une amitié. Avec lui, il est « passé dans le rayon de l'ineffable » (*Ibid.*, p. 115). Il a conscience qu'un autre lecteur « ne l'entendrait peut-être pas de cette manière », mais peu importe. Rousseau est entraîné dans l'orbite de Vadeboncœur, et tant mieux pour nous, lecteurs, qui assistons à cette dérive dans l'inconnu.

À Péguy, Vadeboncœur demande de lui répéter beaucoup de choses. Son œuvre était très engagée dans les problèmes de son temps, mais à mesure que les années passent, elle se décharge de toute cette actualité périmée pour accéder à l'intemporel (*Essais inachevés*, p. 42). La prose de Péguy ne « communique pas seulement une idée mais une parole » (*Ibid.*, p. 44). L'écriture ici est « un fait moral ». Elle transmet une valeur. « Ce qu'elle fait, ce n'est pas seulement exprimer celle-ci mais la proclamer et la chanter. » La prose de Péguy débouche ainsi sur le durable. Elle parle autant à l'homme d'aujourd'hui qu'à celui d'autrefois. Et je comprends que Vadeboncœur soit indissociablement lié à Péguy. Pour lui aussi l'écriture est un fait moral. Pour lui aussi elle transmet une valeur qu'elle ne communique pas seulement mais qu'elle proclame et célèbre. « Si on lit Péguy, c'est pour la nourriture », écrit Vadeboncœur. Et je pense bien que l'auteur dont il est spirituellement le plus proche est Péguy. C'est pourquoi nous allons chercher auprès de Vadeboncœur aujourd'hui, ce qu'il va chercher auprès de Péguy : « Qu'est-ce qu'on va chercher là, dans ces écrits où il n'est plus tellement question de peser le pour et le contre ? L'accès à une plénitude, le contact avec elle. Un savoir infus. De l'existence, mais supérieure. Un cœur exemplaire, une méditation » (*Ibid.*, p. 44).

Vadeboncœur nous fait le récit de la rencontre de plusieurs autres grands écrivains, rencontres toutes aussi instructives les unes que les autres. Saint-Denys Garneau reste pour lui présent. «Là, je suis accompagné, j'accompagne, toujours. Je suis marchant sans arrêt et d'un pas sans fatigue» (*Les deux royaumes*, p. 122). Avec les personnages de théâtre de Claudel, il se trouve «au sein d'une société placée dans un rapport total avec l'Absolu et cependant non moins terrestre pour cela au contraire» (*Ibid.*, p. 138). Valéry lui fait beaucoup penser à don Juan. Il «refuse d'écouter ce qu'il n'entend pas» (*L'Absence*, p. 80). Chez le Malraux des essais, «le texte éblouit mais sa matière s'oublie» (*Essais inactuels*, p. 15). Vadeboncœur nous parle de sa perception de Proust, Gide, Mauriac, Saint-Exupéry, Hugo, Châteaubriand, Camus, Simone Weil, Charles du Bos, tout cela de la manière la plus naturelle, et de façon pénétrante, pour tenter de répondre à ses grandes interrogations sur l'art, l'être, la littérature.

Les pages de Vadeboncour sur les grands écrivains relèvent directement d'une pratique de la lecture, D'ailleurs, il se présente souvent explicitement comme un lecteur, il adopte le point de vue du lecteur, il parle des problèmes du lecteur. Dans un passage sur Proust, il s'interroge: «Comment le lecteur peut-il retrouver dans ce produit littéraire, le ton, la retenue, la modestie, l'écho de son propre naturel?» (*Essais inactuels*, p. 19). Plus loin: «Je lis surtout, pour tendre, par l'art, vers certains états que mon désir est d'exalter et auxquels, mon souhait encore plus certain, mais irréalisable, serait d'atteindre» (*Ibid.*, p. 25). Et encore: «Je lis toujours un peu à part moi» (*Ibid.*, p. 29). Et l'on pourrait relever un nombre considérable de passages où Vadeboncœur se présente, non comme quelqu'un qui étudie une œuvre pour elle-même, mais comme le lecteur qui fait une démarche vers une œuvre à laquelle il demande une nourriture pour l'âme, à laquelle il demande de le faire accéder au monde de l'âme.

Ces réflexions sur les auteurs nous offrent souvent sur ces derniers des vues lucides et très originales. Vadeboncœur a le don de résumer en une formule énergique ce qui caractérise la manière d'un grand écrivain, d'exprimer ce que l'on avait senti mais qu'on n'avait pas réussi à formuler. On se dit: c'est bien cela. C'est ce que je voulais dire.

On comprend aussi que l'évolution de l'écrivain que l'on perçoit à travers les écrits de Vadeboncœur, du premier jusqu'au dernier, est étroitement liée à l'art, à la littérature. Les auteurs sont associés à cette évolution, ce qui lui donne une résonnance considérable, mais notre lecture de ces mêmes œuvres se trouve enrichie de toute la lumière que nous apporte la lecture de Vadeboncœur.

Chapitre 10

L'accomplissement
par l'art

« *L'art a constamment conservé pour moi l'attrait réservé de l'ineffable* »
(Les deux royaumes)

L'art est pour Vadeboncœur une réalité estimable en elle-même, mais il est aussi un moyen de sauvegarder et de réaliser sa liberté intérieure. Le thème de l'art est peut-être celui qui revient le plus souvent sous sa plume, et il le traite de plusieurs façons, toujours avec une touche personnelle. Il lui semble qu'il a « le devoir de le faire, ne serait-ce que pour tendre à garder ouvert… l'angle de la liberté » (*Les deux royaumes*, p. 59).

Nous avons parlé un peu de ce sujet dans les chapitres précédents, mais il faut maintenant l'aborder de façon plus directe, parce qu'il est, avec l'amour, au cœur des préoccupations de l'écrivain.

Vadeboncœur est fasciné par le mystère de l'art. Il cherche à percer son secret, sachant très bien qu'il ne peut qu'en faire l'expérience et non l'expliquer. Pourtant, chaque fois qu'il parle d'une œuvre d'art, il s'interroge sur le sens de l'art, sur ses moyens, sur l'effet qu'il produit sur lui, etc.

L'art donne accès à une « intériorité étrangère » (*Les deux royaumes*, p. 46) qui est notre intériorité même. Il ne faut surtout pas le mettre au service de « notre fond sordide ». Il s'adresse dans l'homme à ce qui est éternel, à ce qui veut accéder à l'éternel, à l'âme. « L'art, qui semble vivre par l'apparence, est le divulgateur de ce qui n'est justement pas l'apparence mais son contraire le plus étonnant » (*L'Absence*, p. 72). La peinture, par exemple, « n'a fondamentalement affaire au visible qu'en apparence et seulement au bénéfice de ce que personne ne peut voir » (*Ibid.*, p. 115). On pense à Eugène Fromentin qui écrivait que la peinture était « l'art d'exprimer l'invisible par le visible »[51]. Grâce à Rousseau, Vadeboncœur disait qu'il était « passé dans

---

51. E. Fromentin, *Les Maîtres d'autrefois*, p. 5.

le rayon de l'ineffable » (*Les deux royaumes*, p. 115). Le rôle du poème, selon lui, est de faire accéder les choses, les sentiments au durable, au permanent. « Il devance la formation d'un souvenir et l'empêche » (*Ibid.* , p. 122). L'art nous met en contact avec un autre monde qui échappe au temps, il nous permet d'accéder « à des faits d'un autre ordre » (*L'Absence*, p. 71).

Cette conception de l'art n'est pas toujours bien accueillie à notre époque, mais elle rejoint pourtant celle de Proust, par exemple, qui écrivait que l'objet de l'art est l'essence des choses, ce qu'elles ont d'inexplicable et de singulier[52]. À propos de Rembrandt, il disait qu'il faisait passer sur les objets familiers « comme le frisson de cet être que nous sentons partout et que nous ne pouvons saisir nulle part »[53]. George Steiner formulait la même idée en des termes différents : « Ce sont, je crois, la poésie, l'art et la musique qui nous mettent le plus directement en relation avec ce qui dans l'être n'est pas nôtre. »[54]

Cette conception de l'art est celle même de Vadeboncœur. L'art est une porte ouverte sur l'ineffable, sur l'éternel, sur l'être. Ces mots ne sont pas à prendre au figuré mais au sens strict. L'art nous fait passer du monde des apparences au monde de la réalité, de l'envers à l'endroit de ce qui existe (*L'Absence*, p. 21).

Pour certains modernes, les signes sont considérés « comme des réalités autonomes et qui ne témoignent pas d'un principe » (« Profession de foi », p. 16). Pour lui, au contraire, tout est signe de quelque chose, tout est fondé dans l'inconnu, mais un inconnu qui existe, qui est illimité et dans lequel tout ce qui compte est en quelque sorte enraciné. L'univers n'est pas vide, comme le pense le scepticisme moderne. « Le signifié, toujours caché, est mille fois plus signifiant que le symbole. Ce qu'il y a sous la $1X^e$ est infiniment plus que la $1X^e$. Ce qu'il y a sous ce tumulte, sous ces grands actes, est non seulement plus réel, mais infiniment plus exprimant que la $1X^e$ elle-même » (« Profession de foi », p. 18). Vadeboncœur « confesse un univers où tout est d'abord ce qui ne se voit pas ». Tout ce qui ne se démontre pas « est le fondement même de tout ce qui se démontre, tout ce

---

52. M. Proust, *Essais et articles*, p. 421.

53. *Ibid.* , p. 381.

54. G. Steiner, *Réelles présences*, p. 269.

qui est obscur la source même de tout ce qui est visible ». Et c'est vers ce monde justement que l'âme est tournée.

Cette « philosophie » est sous-jacente aux développements de *Les deux royaumes* quand elle n'y est pas exprimée explicitement. La revue *Liberté* a publié en 1979 un numéro spécial dans lequel un certain nombre d'intellectuels donnaient leur réaction à ce livre. Vadeboncœur, dans le même ouvrage, donnait un commentaire de ces articles. Ce texte a été reproduit dans *Essais inactuels*. C'est à lui que je me réfère dans les lignes qui suivent.

Vadeboncœur rappelle que lorsqu'il a fait la critique du monde moderne, il n'a pas philosophé, il n'a pas rationalisé. Il a raconté ce qu'il avait vu. Il a raconté une expérience, quelque chose qu'il avait vécu. De même quand il parle de l'autre royaume, il ne fait pas allusion à un problème théorique, il parle de ce qu'éprouve en lui son sens obscur (*Essais inactuels*, p. 188). Ce deuxième royaume est une réalité à laquelle il a accès non par la connaissance rationnelle mais par « l'analogie, la figure ». C'est lui que l'art tente de rejoindre par tous les moyens. La connaissance artistique porte sur cette dimension de l'être qui n'est pas conceptualisable mais dont on peut faire l'expérience.

Essayons de préciser cette réalité qu'il appelle le deuxième royaume, par opposition au premier, qui est la réalité obvie, immédiate. Ce deuxième royaume, c'est l'endroit du monde, c'est une dimension de l'être. Il est illimité, ineffable, inépuisable. Il est d'une certaine façon transcendant, inconnu, autre. C'est pourquoi on ne peut y accéder de façon directe. Et pourtant l'art et l'amour y ont accès.

On pourrait formuler ces données d'une autre manière. Il existe deux réalités : la nature et l'art. Ou si l'on veut, il n'y a qu'une réalité qui se manifeste dans la nature et dans l'art. « La représentation n'existe pas... La réalité est ce qui fait apparition. Ce qui apparaît dans la nature, c'est ce qui se montre et se livre. Ce qui apparaît dans l'art, c'est ce qui se cache et ne se livre pas » (« L'apparition », *Liberté*, no 199, p. 135).

⚜

La peinture est ce qu'il y a «de plus spirituel au monde», affirme Vadeboncœur (*L'Absence*, p. 102), parce qu'au moyen de quelques signes sensibles, le peintre traduit quelque chose pour lequel il donnerait sa vie. L'art est aussi étrange, aussi mystérieux que son objet même. «La beauté, écrit Vadeboncour, est si insaisissable qu'elle ne peut être exprimée que par quelque chose qui rigoureusement n'a pas d'existence» (*L'Absence*, p. 32), ou par quelque chose qui est mis dans une relation telle avec l'être qu'il exprime autre chose que lui-même. C'est le rôle de la métaphore et du symbole d'assurer lc passage entre deux ordres de réalité différents.

L'art est presque aussi difficile à décrire que son objet qui comporte une part de transcendant, qui «n'est accessible ni par l'idée claire, ni par quelque possession directe» (*L'Absence*, p. 84). L'art et l'intelligence ne se recoupent pas nécessairement. La connaissance artistique est différente de la connaissance par l'intelligence. Vadeboncœur, je crois, serait d'accord avec Proust qui allait jusqu'à écrire: «Une vérité clairement comprise ne peut plus être écrite avec sincérité. Le poète qui a compris par l'intelligence ce qu'il veut écrire est comme un homme qui jouerait la surprise pour ce qu'il sait très bien.»[55] Dans la connaissance artistique, il y a quelque chose qui échappe à l'artiste lui-même, parce que l'art c'est moins l'être qui est saisi par l'homme que l'être qui se manifeste. Il se produit dans la connaissance artistique quelque chose d'analogue à ce que Simone Weil relève dans la connaissance surnaturelle: «L'impossibilité, écrit-elle, est la porte du surnaturel. On ne peut qu'y frapper. C'est un autre qui ouvre.»[56] L'art dans la mesure où il comporte une part de transcendant, ne peut être suscité à volonté. Il s'agit de frapper. Il arrive que l'être se manifeste.

Dans *Les deux royaumes*, Vadeboncœur, parlant de son récit *Un amour libre*, affirme avoir demandé tout son «secours à l'enfance». Il s'agissait pour lui, dit André Major, de «renouer, par l'intermédiaire de son fils, avec l'imagination pure et simple»[57]. L'enfant appréhende le monde un peu comme un artiste. Il ne réfléchit pas, il n'argumente pas, il sait, «comme Picasso». Il ne cherche pas, il trouve (*Un amour libre*, p. 22-23). Il remonte le temps à sa source, pourrait-on dire. Vadeboncœur parle du royaume de l'enfant et de celui de l'art dans les mêmes termes.

---

55. M. Proust, *Essais et articles*, p. 569.

56. S. Weil, *La Pesanteur et la grâce*, p. 112.

57. A. Major, «Pierre Vadeboncœur, un socialiste de condition bourgeoise», dans *Un homme libre*, p. 16.

« Il n'y est pas question de mort. il y est question d'amour et de beauté »
(*Ibid.*, p. 51). Devant les jeux de son enfant, il se disait « humble et accordé,
inférieur à la beauté et véridiquement ravi par elle, comme on peut l'être
devant l'art » (*Ibid.*, p. 83). Le recours à l'enfance s'explique encore par
ceci, que comme l'art, l'enfant ne ment pas. La civilisation ment, les
idéologies mentent, et elles réussissent à imposer leurs mensonges comme
des vérités. L'art et l'enfant, s'ils mentent ne trompent personne. Ils ne
peuvent cacher leur duplicité.

Dans *Dix-sept tableaux d'enfant*, il s'agit d'une enfant qui peint, mais
déjà sa démarche n'est plus de l'ordre des jeux de l'enfance mais de l'ordre
de l'art proprement dit. Car si on peut noter certaines analogies entre l'art
et l'enfance, il reste que ces deux réalités sont tout à fait différentes, et ce
qui est extraordinaire chez cette enfant de sept ou huit ans dont
Vadeboncœur commente les œuvres, c'est qu'elle n'est plus une enfant
mais déjà une artiste. Déjà ce ne sont plus des jeux d'enfant qui l'occupent,
mais, à son insu, c'est l'être, c'est le monde qui s'impose à elle, à travers le
dessin, les couleurs, les formes, les contrastes, tout cela qui constitue le langage de la peinture. Mais il est saisissant de voir avec quelle assurance, avec
quelle fermeté, cet autre monde fait irruption dans la conscience de l'en-
fant-artiste et s'étale sur la toile. Parce que l'artiste est disponible sans
doute, parce qu'elle est accueillante à la révélation qui se fait à elle dans
l'acte de peindre, elle se soumet tout à fait aux exigences de l'art. Dans le
cas, par exemple, de cette aquarelle, *Fille cueillant des fraises*, la jeune
artiste fait une aquarelle et non une peinture, ignorant sans doute les
principes qui président à la production d'une aquarelle et ceux qui président
à la production d'une peinture. Mais c'est l'art ici qui assume l'opération,
et la toile parle.

Il me semble que c'est le sens profond de ce magnifique petit livre
Dix-sept tableaux d'enfant. Il montre que dans l'art l'être se manifeste.
L'artiste ne fabrique pas les patrons de l'art, il ne lui dicte pas ses lois.
Il accueille une présence qui elle-même crée son langage. Les règles de
l'art, si tant est qu'elles existent, ne sont pas imposées de l'extérieur, c'est
cela l'académisme, mais elles sont le produit d'une exigence intrinsèque.
Une petite fille veut représenter dans un dessin une personne de sa connaissance, et cela donne un portrait étrange, qui dépasse l'expérience d'un
enfant et sa capacité d'appréhension. L'artiste s'est substitué à l'enfant et

par elle une « apparition » s'est produite. « Dans le passage de l'objet au dessin, un autre objet s'est instantanément formé. Il parle haut et seul. C'est lui qui parle et il occupe pour ce faire une position inexpugnable, comme toujours en art » (*Ibid.*, p. 35-36).

༄༅

Vadeboncœur s'intéresse à tous les aspects de l'art : à son sens, à son mode d'expression, comme nous venons de le voir, à notre façon aussi de le recevoir et de le pratiquer. Il faut lire ce petit livre illustré : *Dix-sept tableaux d'enfant, Étude d'une métamorphose*, pour apprendre à lire l'œuvre d'art. Il faut le répéter, Vadeboncœur n'est pas un théoricien. L'art l'intéresse plus que les idées. Il essaie de saisir son langage mystérieux, la présence qu'il substitue à notre réalité passagère, et cela de façon concrète, particulière à chaque œuvre.

Qu'il s'agisse de littérature, de peinture, de musique, d'architecture, Vadeboncœur aborde les œuvres en curieux qui se pose beaucoup de questions, dans un émerveillement qui ne s'épuise pas. Il n'a d'autres critères d'interprétation que ceux que lui fournissent les œuvres elles-mêmes. Il est un artiste à l'œuvre quand il lit, quand il regarde une peinture, quand il dessine lui-même, et nous fait partager son étonnement. De même que l'art rejoint l'être par le contact, non par le raisonnement, de même nous accédons à l'art par l'expérience, dans l'attention, dans l'interrogation. On peut ressentir une œuvre, l'éprouver, on ne l'explique pas. Vadeboncœur parle des œuvres d'art avec une grande volubilité, n'expliquant rien mais faisant voir ce qui échapperait à un amateur peu attentif, lisant les signes mais sans essayer de parler à leur place, avec une justesse qui entraîne le lecteur, conscient que l'art est la présence même de l'invisible et de l'inconnu. C'est pourquoi, il est difficile d'exprimer ce que l'on ressent devant une œuvre d'art. Plus on la « goûte » en profondeur, « moins le sentiment que l'on en a peut être décrit, plus on éprouve les choses par une part de soi-même qui est soustraite à la conscience, — plus on expérimente par l'être, directement par l'être. Moins alors on y comprend quelque chose, c'est sûr, mais plus le fondamental plaisir qu'on y trouve est certain, et plus il atteste indubitablement son objet, lequel reste inconnu » (*Essais inactuels*, p. 176-177).

༄༅

Si Vadeboncœur sait apprécier les œuvres d'art, il sait aussi pratiquer l'acte de l'art, et il le pratique en s'observant lui-même, en décrivant ce qu'il fait, de sorte que sa réflexion sur l'art est surtout une réflexion sur l'expérience de l'art. L'acte d'art, qu'il s'agisse d'écriture ou de peinture, est une démarche tout à fait spéciale. « Écrire un roman, c'est comme prier et c'est comme peindre : c'est laisser rentrer l'inconnu à pleine porte » (*L'Absence*, p. 81). L'artiste est dépassé par son œuvre. Il n'a pas la parfaite maîtrise de tout ce qui se passe dans l'acte d'art. « On ne met pas de sens dans une œuvre ; le sens s'en dégage incompréhensiblement » (*Ibid.*, p. 83).

Dans un chapitre précédent, j'ai décrit certains aspects de l'art d'écriture chez Vadeboncœur. Il faut dire un mot du dessin qu'il pratique à l'occasion, en amateur, et sur lequel il a beaucoup réfléchi. Déjà dans *Un amour libre*, c'est par le dessin que l'enfant développe et entretient son monde imaginaire. Un peu plus tard, dans *Les deux royaumes*, l'auteur parle à nouveau de son fils qui n'est plus un petit enfant ni encore un adolescent, et il a cette phrase curieuse : « Il durait dans son enfance comme un dessin, du moins jusqu'à cette heure, mais cette enfance achevait » (*Les deux royaumes*, p. 83). Cette fois, c'était le père qui s'adonnait au dessin, qui s'amusait à tirer des croquis de son fils. Pourquoi des dessins ? Pourquoi pas des photographies ? Pourquoi l'enfant durait-il dans son enfance comme un dessin ? Parce que le dessin a le pouvoir d'arracher la réalité au temps et de montrer ce qui dans un être est permanent, éternel. L'enfant ne vit pas dans le temps. Il n'a pas la conscience du temps. Il vit dans un monde intemporel dont l'adolescence le fera sortir. Une photographie saisit et révèle le temps (*Ibid.*, p. 84). Regarder une photographie de son enfance, c'est remonter dans le temps, retourner dans le passé. Le dessin, lui, échappe au temps, il reste actuel, il exprime ce qui dans un être est vivant au-delà du temps. Le dessin d'une personne arrache en quelque sorte cette personne au temps, exprime son mystère. Il est une trace de l'invisible, il existe dans un espace qui n'est pas l'espace réel, mais le sien propre, qui est intemporel. D'une certaine manière, le dessin est l'art dans toute sa pureté, dans tout son dépouillement. Alors qu'une protographie nous reporte dans le passé, le dessin traduit une réalité qui échappe au temps. Il est « le cliché d'un seul instant de l'insondable » (*Ibid.* 98). Il « parle en silence de ce que la vie ne dit pas » (*Ibid.*, p. 102).

Dans *L'Absence*, il est dit que le dessin capte l'âme. Il permet à la personne qui le regarde et surtout à celle qui le fait de saisir de façon tout à fait spéciale la personne peinte. Les traits matériels traduisent une réalité immatérielle, quelque chose comme «l'empreinte morale» (*L'Absence*, p. 16) de la personne peinte, ce que n'aurait pu faire une photographie. Parmi tous les arts, le dessin a pour Vadeboncœur une vertu spéciale: «Un dessin jouit d'une indépendance active par rapport à tout ce qui existe de l'univers visible» (*Ibid.*, p. 18). Il appartient à un autre espace. Il nous fait passer dans une autre sphère (*Ibid.*, p. 63).

Dans un article de *Liberté*, «Le Procès de l'image», Vadeboncœur écrit que «l'image seulement image est le degré zéro de l'art» (*Liberté*, 182, p. 104). L'art n'est pas une copie de la réalité visible. Il implique une forme de traitement de cette réalité. «La peinture ne cesse jamais de tuer l'image-image, sans quoi elle n'est rien» («Le Procès de l'image» (suite), *Liberté*, 183, p. 124). Je serais porté à penser que si Vadeboncœur privilégie tellement le dessin, c'est qu'il est essentiellement un traitement de l'image, il ne retient de celle-ci qu'une esquisse, une interprétation en quelque sorte.

Dans *Essais inactuels*, Vadeboncœur nous entretient d'un dessin qu'il a gravé sur une pierre. Ce texte est très significatif de sa manière en ceci qu'il est à la fois une réflexion sur l'art en général, sur le dessin, sur la gravure d'un dessin sur une pierre, sur les sentiments qui habitent l'artiste, sur la joie que lui apporte ce travail de la pierre. Ce moment vécu de l'art est un «instant d'une félicité dont la cause est dérobée au regard» (*Essais inactuels*, p. 107). Puis il essaie d'expliquer ce bonheur, revient à son dessin, tente d'expliquer son message en se référant à ses expériences concrètes, mais aussi à l'univers plus large de l'art. Il sera question de Rodin, Hugo, Bourdelle, Dallaire… Dans le monde de l'art, le foisonnement des relations est infini.

Vadeboncœur poursuivra ses réflexions sur le dessin dans *Dix-sept tableaux d'enfant* en observant une petite fille qui pratique le dessin. Il suit et analyse son évolution avec minutie, faisant ressortir à l'occasion ce qui caractérise le dessin, en décrivant l'effet qu'il produit, et en développant tout un monde de considérations sur l'enfance, la vie, l'art, le temps, etc. Il y revient souvent aussi dans sa chronique dans *Liberté*, et toujours avec le même bonheur.

La pratique de l'art, du dessin par exemple, mais aussi de l'écriture, procure un plaisir qui n'est pas donné, mais qui est plutôt une promesse, et cette recherche n'a pas de fin (*Essais inactuels*, p. 102). L'artiste se rapproche de la perfection qu'il cherche à atteindre mais sans jamais y réussir. L'harmonie qu'il touche est cependant comme la résonnance «d'un accord bien plus lointain» (*Ibid.*, p. 102).

La réflexion de Vadeboncœur sur l'art s'étend comme on le voit à plusieurs champs de cette contrée merveilleuse. Il en parle beaucoup et de plusieurs façons, il l'aborde par différents biais et on a l'impression qu'il pourrait développer sa pensée indéfiniment. Je ne tenterai pas de rendre compte de tous les sujets qui l'intéressent mais je veux en souligner encore rapidement quelques-uns.

Il y aurait, par exemple, beaucoup à dire sur le rôle de l'émotion dans l'activité d'art. L'émotion est un signe d'authenticité. Elle traduit la réaction de l'artiste au moment où l'art se manifeste dans son œuvre, au moment où il crée. Mais elle traduit aussi la réaction de l'homme devant l'œuvre d'art d'un autre. Elle exprime dans tous les cas la réaction de l'homme à la nouveauté de l'œuvre d'art. L'homme est surpris par quelque chose d'inattendu. Il est pris au dépourvu en quelque sorte, et son émotion est le signe que quelque chose d'indescriptible advient.

Une idée de Vadeboncœur, que l'on retrouve assez souvent, surtout dans les écrits des dernières années, mais qui était déjà présente dans *Les deux royaumes*, c'est celle que l'activité d'art a une valeur en elle-même, même si elle ne donne pas de chef-d'œuvre. Il parle de ses dessins qui ne présentaient pas d'intérêt pour les autres, dit-il, mais «le rite valait bien quelque chose par lui-même, indépendamment du peu de perfection du résultat» (*Les deux royaumes*, p. 99, et aussi p. 106). Plus tard, il écrira dans *L'Absence*: «Je crois de plus en plus que l'art accomplit sa fonction par la loi qui le régit et non pas nécessairement par l'excellence» (*L'Absence*, p. 31). Vadeboncœur entretient pour les grandes œuvres tout le respect qu'elles méritent, mais il soutient aussi que tout acte d'art a son sens, son importance. C'est un encouragement pour tous à s'essayer à écrire, à dessiner, à peindre, à poser des actes non utilitaires, pour le simple plaisir de faire quelque chose. Le dessin, par exemple, quel qu'il soit

« est d'une autre sphère de l'être ». L'écriture de même, « du fait qu'elle est une trace d'Ailleurs, elle dit peut-être tout » (*L'Absence*, p. 63).

C'est certainement un des points d'intérêt des écrits sur l'art de Vadeboncœur, que de montrer le lien étroit qui existe entre l'art et la vie. La vie intime, certes, personnelle, mais aussi bien la vie sociale, la civilisation. Dans *Essais inactuels* il a écrit des textes sur quelques grandes cathédrales françaises qui sont des méditations tout à fait dignes de leur objet. Mais il s'intéresse aussi à l'architecture moderne et n'hésite pas à prendre position sur les manifestations nouvelles de l'art. Son article sur Beaubourg, dans *Essais inactuels*, écrit comme toujours de façon subjective, donne lieu à toutes sortes de réflexions originales qui permettent de cerner le sens d'un tel monument, d'approfondir notre connaissance de l'art, et de nous sensibiliser à sa présence dans la société. On trouve dans sa chronique dans *Liberté*, des considérations très pertinentes et très lucides sur des réalités actuelles : l'obélisque de de Gaulle, certaines œuvres sculpturales qui ornent la route 117, l'éclairage des pentes de ski dans les Laurentides, certains grands édifices de Montréal, etc. On y verra aussi que l'art n'est pas seulement dans les grandes œuvres. Il est un peu partout dans la vie, dans un bijou, une coiffure, un mur, etc. Tous ces textes nous permettent de saisir l'implication de l'art dans la société, d'éveiller notre amour de l'art, d'éclairer notre jugement critique. Ils nous font comprendre que si l'art est le signe d'un ailleurs, il est pourtant enraciné dans notre existence quotidienne et donne à nos vies une dimension culturelle ou spirituelle qui est la garantie de notre dignité.

Chapitre 11

L'amour ou le bonheur suprême

« *On s'accomplit tout en lui* »
(Le Bonheur excessif)

Dans le premier chapitre de *L'Absence*, le narrateur nous raconte avec toutes les nuances possibles qu'il a fait le portrait dessiné de celle qu'il aime. Il a exécuté ce dessin dans le but de lui plaire et pensant bien le lui remettre. Mais quand il eut fini son travail, il décida de le garder pour lui. Il s'aperçut qu'il en avait besoin. « Il m'était d'une douceur que je n'avais prévue » (*L'Absence*, p. 16).

C'est qu'au moment où l'auteur exécutait son dessin, il se proposait de faire quelque chose pour elle. C'est à elle surtout qu'il pensait. Mais ce dont il se rendit compte après coup, c'est que l'acte de dessiner n'était pas seulement un acte d'art, mais aussi un acte d'amour, une activité qui produisait l'amour, qui le construisait à partir d'un objet matériel (*Ibid.*, p. 19).

Cet exemple illustre bien le lien qui existe entre l'art et l'amour. En même temps, il illustre aussi la manière de Vadeboncœur de parler de l'amour. Sa réflexion n'a rien à voir avec la psychologie de l'amour. Elle ne porte pas non plus sur l'amour romanesque, l'amour « entravé ou inaccompli ». Elle s'intéresse au sens. Elle est un traitement lyrique, vécu, expérimental et métaphysique tout à la fois, tout comme sa réflexion sur l'art. Le but poursuivi par l'auteur, « n'est pas d'émouvoir par une situation mais de contempler un peu, dans l'idée, avec émotion il est vrai, le sens et le prix de l'amour » (*Essai sur une pensée heureuse*, p. 12). Qu'est-ce à dire, contempler, sinon essayer de saisir une dimension capitale de l'existence humaine dans laquelle l'homme tente de se réaliser et de se dépasser ?

Entre l'art et l'amour, on peut relever certaines ressemblances. L'amour transforme la perception de la réalité, tout comme l'art. Il éveille à une autre réalité, ou à une autre dimension de la réalité. Bien plus, comme l'art, il est une réalité nouvelle, indiscutable, évidente. Il n'a pas besoin de preuve. Son existence est une affirmation.

Comme l'art, l'amour est inexplicable. On peut lui trouver toutes sortes de raisons qui satisfont la personne concernée mais ne valent aucunement pour les témoins (*L'Absence*, p. 116). L'amour est une présence de l'inconnu, tout comme l'art, et comme ce dernier, il « connaît ce qu'il ne sait pas » (*Ibid.*, p. 114). Il s'invente lui aussi un langage et toutes sortes de ruses pour arriver à ses fins. Dans *L'Absence*, le narrateur écrit des lettres à celle qui est absente pour la faire apparaître « dans une seconde présence » (p. 28). L'art est ici mis au service de l'amour et fait apparaître dans la personne aimée quelque chose de nouveau, d'imprévu. Il la confirme dans l'être. « Je vous aimais par telle phrase que j'écrivais de vous » (*Ibid.*, p. 29). Le langage métaphorique, inventé par l'amour donne accès à une nouvelle existence, tout comme l'art (*Ibid.*, p. 119). La réflexion de Vadeboncœur sur l'art et sur l'amour traduit un effort de trouver le sens plein de la vie, de donner du poids à l'expérience humaine. L'amour, justement, permet à l'être humain d'exister intensément, il lui révèle ses ressources qui sont inépuisables. Il « est seul à prendre la mesure d'un être et à tout dire de lui dans une seule intuition » (*Ibid.*, p. 41-42). Il est révélation de ce qui est.

De même qu'en art, « tout ce que nous disons dit autre chose », de même l'amour « va vers la personne aimée », mais en elle, à travers elle, il rejoint la perfection. Dans l'amour, il se produit quelque chose de spécial, « et ce quelque chose dépasse tout le monde, les intéressés les premiers » (*L'Absence*, p. 33). L'amour, comme l'art, se situe dans un ailleurs. « C'est un ailleurs où l'amour emprunte, lui aussi, comme fait un tableau, son silence et une gaieté non éphémère » (*Ibid.*, p. 50).

L'œuvre d'art procure à l'homme un bonheur qui est d'une nature secrète, mystérieuse, qu'on ne peut communiquer. Il n'a rien de social, de relié aux événements. « Il consiste dans une pensée soustraite au cours des choses » (*Essais inactuels*, p. 115). Ce bonheur ressemble à celui que donne l'amour. Il en est d'ailleurs « une manifestation » (*Ibid.*, p. 118).

Au début de son livre, *Le Bonheur excessif*, Vadeboncœur écrit que « l'expression de l'amour est un propos infini » (p. 8), ce qui indique bien qu'il n'est pas facile d'en parler, mais qu'il est pourtant important de le faire.

Le bonheur de l'amour est présenté comme une invasion en quelque sorte, un envahissement de l'être par une réalité autre qui occupe toute la place, le corps, l'âme, les pensées, les sentiments. La personne qui est habitée par ce bonheur est témoin de ce qui lui arrive. Elle assiste à quelque chose qui la concerne et la dépasse, l'entraîne et la transforme. Cette expérience est suffisante en elle-même, elle n'a besoin de rien d'autre, elle ne demande qu'à durer. Elle est une réalisation parfaite qui donne à tout le reste un caractère relatif, de moindre valeur. « L'amour est un état parfaitement suffisant. Dans cet état, on ne rêve à aucun autre état » (*Ibid.*, p. 35).

L'amour ne laisse pas subsister la liberté. Il embrasse tout, même la liberté. Il est la liberté même. Il ne suppute pas l'avenir. Il ignore le passé. Il est tout entier en lui-même, dans le présent. C'est pourquoi il est éternel. Les circonstances de la vie ne l'affectent pas. Il est dans le temps et au-delà du temps. « Il est aveugle, en ce qu'il ne voit que l'invisible » (*Ibid.*, p. 47).

Dans l'amour humain comme dans l'amour mystique, il y a une exigence absolue. « L'amour, donc, demande tout, uniquement tout. D'ailleurs, il obtient tout, par le seul fait d'être » (*Ibid.*, p. 50). S'il ne donne pas tout à l'homme, c'est parce que l'homme est dans le temps, c'est parce qu'il n'est pas à la hauteur, mais l'amour, lui, est dans la perfection, dans l'éternel, il est de l'ordre de ce qui ne peut finir.

L'amour est une réalité extrêmement concrète, de l'ordre de l'expérience, une réalité qui s'impose à la personne, investit tout son être, mais il est aussi le signe d'une réalité plus profonde que lui-même. « Ce que l'amour veut de l'autre personne, elle ne peut le donner, même si elle s'avisait de le vouloir. C'est autre chose » (*Essai sur une pensée heureuse*, p. 46). Quelque chose qui est au-delà de la personne, quelque chose qu'on ne saurait exactement nommer ni concevoir. Quoi ? « L'être lui-même. Nous sommes ici en plein mystère » (*Ibid.*, p. 107). L'amour s'adresse à un objet, à une personne, mais dans ce mouvement il s'ouvre à toute la réalité, il fait éclater les limites de notre connaissance et de notre désir : « Ce n'était plus uniquement vous-même que je considérais avec joie mais, en vous, par vous, de vous, fondamentalement, l'être lui-même, rayonnait avec une constance singulière» (*L'Absence*, p. 139).

L'Amour « semble échapper à toutes choses », il est ailleurs. Il affirme, il s'affirme même face à la mort, comme si elle ne pouvait rien sur lui. Le seul malheur, pour des amants, ce n'est pas de mourir, c'est que l'amour cesse. Mourir ensemble, ce n'est pas un échec, c'est une victoire de l'amour, c'est réaliser l'amour. Comme si l'amour n'était pas touché par la mort. Il est d'un autre ordre de réalité. Il est « le signe sensible d'un autre ordre de réalité » (*Le Bonheur excessif*, p. 135).

❦

Qu'arrive-t-il de l'amour dans la société actuelle ? Dans la mesure où la civilisation moderne est toute dans l'immédiat, dans l'instantanéité, où elle est « un marché d'objets », la notion d'amour risque de se perdre. « On cherche l'amour et on ne trouve pas la justification de l'amour » (*Les deux royaumes*, p. 192). L'amour devient une chose obvie, comme tout le reste. Il devient l'objet d'une saisie immédiate, d'une possession. « L'amour, disait Simone Weil, ne sait plus contempler, il veut posséder. »[58] Notre monde a perdu le sens de l'amour, parce qu'il ne s'intéresse pas à ce qui est gratuit, à ce qui ne s'achète pas, à ce qui a sa valeur en soi. L'amour est tout dans l'aveu, dans l'affirmation. Il est une réalité qui fait irruption dans l'expérience de l'homme. Il peut impliquer la possession physique, mais celle-ci n'est pas le tout de l'amour. L'amour peut se réaliser dans l'absence qui est une forme de présence en creux. La possession physique sans amour n'a rien à voir avec l'amour. L'amour n'est pas satisfaction, mais besoin, regard, désir, offrande. Il n'est pas seulement désir du corps, mais de tout l'être (*Le Bonheur excessif*, p. 69).

L'amour est au-delà des apparences. Il est une réalité autre, avons-nous dit, qui s'exprime dans des gestes, dans des signes ; il recourt au langage métaphorique. Or l'époque « tend à éliminer l'univers symbolique, à l'éliminer comme vain et gênant système d'images, sans se rendre compte qu'elle l'écarte du même coup comme système de réalité » (*L'Absence*, p. 9). Elle croit que le bonheur est dans la satisfaction automatique des désirs, et la société s'organise en conséquence, remplissant «tout

---

58. S. Weil, *La Pesanteur et la grâce*, p. 79.

l'espace possible d'objets qu'on puisse toucher, prendre, s'approprier, louer, consommer, posséder d'une manière ou d'une autre» (*Ibid*, p. 107). Une telle société tue en quelque sorte «la culture compliquée du désir, de quoi relève en grande partie l'amour» (*Ibid.*, p. 109).

L'amour est une réalité créatrice, transformatrice. Il éveille les ressources multiples de la personne, il les mobilise, à condition toutefois que le désir ne soit pas étouffé, à condition qu'on lui donne l'espace où se déployer. L'amour est une force qui naît dans le jaillissement même de la liberté et qui triomphe des conformismes, des préjugés sociaux, de la pensée même de la mort. Il constitue, pour l'accomplissement de l'homme, une force invincible. Il est une expérience d'intensité, de plénitude.

La réflexion sur l'amour n'arrive donc pas par hasard dans le développement de la pensée de Vadeboncœur, puisque la préoccupation centrale de cette pensée, c'est l'épanouissement de l'homme. L'amour est une des forces qui permettent à l'homme de se réaliser et d'accéder à cet état privilégié de plénitude qui s'appelle la joie.

Un des premiers articles de Vadeboncœur, sinon le premier, porte justement sur la joie. La joie est différente du bonheur en ce qu'elle n'est pas possessive, ni égoïste, ni liée à quelque condition que ce soit. Elle est éminemment autonome, tournée vers le bien. Elle est «la réponse adéquate de l'âme à la question totale de l'univers, qu'elle justifie pleinement et indépendamment de ce que la critique pourrait prétendre». Elle «est totale dès qu'elle existe» (*La Ligne du risque*, p. 16-17). Même la souffrance ne peut l'ébranler, ni la mort.

L'art, l'amour, «sont les moyens d'accéder à la joie pure» (*Le Bonheur excessif*, p. 63). On ne finirait plus de relever les passages où Vadeboncœur parle de la joie que lui apportent les œuvres d'art qu'il contemple. De même l'amour est une source de joie intense. Il la suscite, la produit, l'entretient. «Il n'existe jamais de sentiment de parfaite suffisance, si ce n'est dans l'amour, où au contraire cette plénitude règne sans défaut» (*Essai sur une pensée heureuse*, p. 167). L'amour nous rapproche de l'Être, nous introduit à une réalité nouvelle. «Cette réalité inattendue, hors du temps, dépaysante en même temps que probante d'on ne sait quoi parfaitement, c'est la joie » (*Le Bonheur excessif*, p. 124).

Dans ses deux derniers livres, *Essai sur une pensée heureuse* et *Le Bonheur excessif*, — je fais abstraction de *Gouverner ou disparaître*, qui est surtout composé de textes déjà publiés — Vadeboncœur traite exclusivement de l'amour. L'attention se porte sur l'essentiel. L'écriture est plus concentrée, plus dépouillée que jamais. La pensée se déploie dans des textes courts, par des touches successives, comme pour palper son objet. Un objet d'ailleurs dont elle ne se distingue pas, d'où le titre : *Essai sur une pensée heureuse*. Dans l'expérience qui est évoquée, le bonheur ne se distingue pas de la pensée. « L'amour est une pensée qui n'est pas pure représentation mais qui contient substantiellement son objet même » (*Pour une pensée heureuse*, p. 15).

Vadeboncœur décrit, dans ces pages, une expérience d'amour transformant qui transcende la connaissance conceptuelle, les explications, les raisons philosophiques, et affirme l'ouverture de l'existence humaine à une transcendance, c'est-à-dire à ce qui la dépasse et la fonde, à un inconnu dont la présence est aussi éclatante qu'inexplicable. Il s'agit d'amour humain, certes, et en premier lieu, mais à travers lui, c'est la condition humaine qui est placée en perspective. Il en révèle en quelque sorte la véritable dimension car « l'amour est une loi de bonheur sur la réalilté entière » (*Le Bonheur excessif*, p. 140).

Chapitre 12

Dépasser la modernité

« Je me suis toujours senti très humble
par rapport à ces choses qui pour moi n'avaient
qu'un nom : la dignité absolue »
(Les deux royaumes)

Goethe disait à Eckermann : « Le talent moyen est toujours emprisonné dans son époque et doit se nourrir des éléments qui se trouvent en elle. » Et il lui parlait de ceux qui, au contraire, « ont en eux-mêmes leurs assises et se tiennent en dehors des goûts du jour. »[59]

Vadeboncœur me semble tout à fait appartenir à cette dernière catégorie d'écrivains, et ce qui me fascine tout particulièrement chez lui, c'est sa totale liberté d'esprit, sa fidélité à son sentiment personnel, sa parfaite indifférence aux goûts du jour. Non pas qu'il se désintéresse de la société actuelle. Toute son œuvre atteste au contraire qu'il connaît la réalité moderne et qu'il ne cesse de s'en soucier. Mais il ne se préoccupe aucunement des modes et des conformismes de son temps. Sa seule préoccupation, c'est l'approfondissement d'une intuition fondamentale qui mobilise toutes les facultés d'attention et commande une enquête illimitée.

La pensée de Vadeboncœur ne se développe pas comme une thèse en s'appuyant sur des arguments. Elle n'est pas portée par un système, elle n'est pas une construction intellectuelle. Elle est plutôt la traduction d'une démarche d'exploration d'un espace intérieur créé par la réaction de la conscience face au monde. C'est pourquoi ce que Vadeboncœur écrit dans *Indépendances*, dans *Les deux royaumes*, prend tout son sens dans *L'Absence*, dans *Essai sur une pensée heureuse*, dans *Le Bonheur excessif*. On pourrait même dire que l'essentiel du *Bonheur excessif* est déjà dans un de ses tout premiers textes, « La Joie », de *La Ligne du risque*. Il convient donc de parler de continuité, de fidélité, d'approfondissement.

---

59. *Conversations de Goethe avec Eckermann*, p. 198.

Nature étrange et merveilleuse que celle de l'œuvre littéraire. Un homme écrit toute sa vie, accumule les articles, les livres, les lectures, à la recherche d'une vérité qui ne se laisse pas saisir, qui est pourtant là dans chaque ligne qu'il produit, qui est donnée dès le début et ne fait que s'éprouver, s'expliciter, au contact de l'expérience. En 1985, Vadeboncœur écrit: «Nous relevons sans le savoir d'une ontologie stable et lumineuse» (*L'Absence*, p. 56). L'existence n'est pas banale. La réalité rayonne de mystère. Le monde est inépuisable, et l'expérience que nous pouvons en faire est toujours à renouveler. Cette intuition, qui est sous-jacentc à toutc l'œuvre de Vadeboncœur, était déjà formulée dans «La Joie», et inconsciemment peut-être, constituait un appel auquel l'écrivain allait tenter de répondre.

L'œuvre de Vadeboncœur est construite sur deux démarches qui ne s'opposent pas, mais dont l'une est le soutien ou la raison de l'autre : la démarche de contemplation ou métaphysique et la démarche critique. C'est cette dernière qui occupe la place la plus considérable dans la première moitié de l'œuvre, mais dans la deuxième, la démarche de contemplation occupe presque tout l'espace. Par ailleurs, plus j'avance dans la connaissance de cette œuvre, plus je prends conscience que la réflexion critique de la première partie prend sa source dans la réflexion métaphysique ou contemplative qui se déploie dans la deuxième.

La démarche critique de Vadeboncœur est d'ordre social ou politique. Cependant, elle ne s'arrête pas à la société. Elle s'intéresse à celle-ci parce que la situation de l'homme en dépend. L'homme est plus qu'un être politique ou culturel. Il est un centre d'autonomie et de liberté spirituelle ouvert directement sur l'être. La critique de Vadeboncœur tente de cerner le sort qui est fait à l'homme dans la société moderne.

Cette démarche critique, comme nous l'avons vu, ne résulte pas d'une analyse théorique mais d'une expérience concrète qu'on peut ou non partager, mais qu'on ne peut réfuter. Une expérience ne se discute pas. On l'accepte ou on la refuse. Ceci étant dit, le regard critique que porte Vadeboncœur sur la modernité, tout en étant original à maints points de vue, rejoint les analyses de plusieurs penseurs de notre temps.

Vadeboncœur a la conviction que quelque chose dans le monde moderne avilit l'homme, le dégrade. Notre époque, dit-il, est «généralement obéissante à tout ce qui traîne» (*To be or not to be*, p. 145). «L'essentiel est presque toujours perçu soit comme inexistant, soit comme superflu» (*Les deux royaumes*, p. 170). «C'est l'ineffable tout entier qui est touché, frappé d'excommunication» (*Ibid.*, p. 171). Ces textes sont comme l'écho du grand débat sur la modernité qu'ont provoqué et alimenté des auteurs aussi divers que Péguy, Bernanos, Saint-Exupéry, Simone Weil, George Steiner, Hannah Arendt, Allen Bloom, Finkielkraüt, etc.

Quand Marcuse écrit: «Le processus mécanique dans l'univers technologique détruit ce que la liberté a de secret et d'intime»[60], il présente un point de vue qui rejoint tout à fait celui de Vadeboncœur. Pourtant ces deux auteurs ont des parcours intellectuels tout à fait différents.

Dans *Trois essais sur l'insignifiance*, Vadeboncœur a posé un diagnostic sur la vie moderne américaine que certains trouvent sévère. Il serait facile de montrer que Vadeboncœur n'est pas plus sévère pour la société américaine que nombre d'écrivains américains eux-mêmes. Qu'on pense à Henry Miller, par exemple, dont John Brown écrit qu'il essaie «d'échapper à cet anonymat, à cette servitude morale que la société moderne impose de plus en plus brutalement à l'individu»[61]. Quand Vadeboncœur écrit, dans son commentaire sur un roman de Cain que, dans la culture américaine, l'acte brut est magnifié, comment ne pas voir dans cette analyse la perception d'une réalité qui se rapproche de ce qu'on a appelé le pragmatisme américain? George Santayana, qui avait bien connu William James, l'homme et l'œuvre, disait que ce qu'il avait tiré «de l'esprit et des sources de son enseignement», était «le sens du fait immédiat de l'expérience, inaltéré, inexpliqué»[62].

Il m'arrive de penser que ce qu'on ne pardonne pas à Vadeboncœur, c'est sa liberté d'esprit. Éblouis par le progrès technologique moderne, beaucoup de gens ne supportent pas qu'on formule, à propos de notre monde, la moindre critique. C'est être réactionnaire que de ne pas se lancer les yeux fermés dans le grand «trip» de la société de consommmation dont

---

60. H. Marcuse, *L'Homme unidimensionnel*, p. 57.

61. J. Brown, *Panorama de la littérature contemporaine aux États-Unis*, p. 126.

62. *Ibid.*, p. 350.

la caractéristique, selon Hannah Arendt, est qu'elle « implique la ruine de tout ce à quoi elle touche »[63]. Si de plus on est Québécois, comment ose-t-on critiquer le géant américain ? Beaucoup de Québécois ou de Canadiens accepteraient sans doute sous la plume d'un Américain la critique du monde américain qu'ose dresser Vadeboncœur. Mais qu'un Québécois revendique l'autonomie de jugement face au colosse américain, non cela n'est pas supportable !

Je fréquente l'œuvre de Vadeboncœur depuis plusieurs années. Je peux dire que je l'habite, d'une certaine façon. Or cette œuvre me semble fondamentalement positive. Par rapport à la modernité, elle est critique évidemment. Mais la critique n'est pas nécessairement négative. Celle de Vadebonvœur est de l'ordre de la transgression. Or la transgression est affirmative. Elle est « un fait, potentiellement riche de nouveauté » (*Indépendances*, p. 28). La prise de conscience de l'automatisation ou de la mécanisation de la vie moderne pousse la conscience à protester, à chercher ailleurs. C'est comme si elle se disait : L'homme existe, mais il n'est pas où vous pensez. Il faut renouveler sa vision, reprendre les choses à neuf.

Ce recours à la transgression est déjà très explicite dans *Indépendances*, il se présente comme une porte ouverte sur la liberté : « Voici que l'état de disponiblité à nous-mêmes que le refus du monde moderne nous a rendu, grâce à la révolte des pacifistes, des hippies, des poètes, des jazzmen, voici que cet état de disponibilité nous découvre certes encore assez inoccupés des choses de l'âme, mais enfin libres d'avancer en nous-mêmes, dégagés, néophytes, encore perplexes, encore stupides, mais émancipés d'un monde de mort, de contraintes, de vanités, un monde aussi d'horreurs suaves » (*Indépendances*, p. 33). Ce texte est de 1972. Depuis l'écrivain a parcouru un long chemin en lui-même, et la transgression lui a ouvert un monde illimité.

Dans *Les deux royaumes*, l'acte de transgression n'est pas moins explicite : « J'ai commencé peu à peu à faire le contraire de l'époque actuelle... Je fais des choses absolument prohibées » (p. 173). Et cela dans le sentiment d'une liberté nouvelle qui ne lui est dictée par personne ni limitée par qui que ce soit (*Ibid.*, p. 179-180). Cela permet de vivre dans le monde sans être emporté par lui. Cela permet de le regarder, de résister à ses

---

63. H. Arendt, *La Crise de la culture*, p. 270.

conditionnements et à son conformisme enveloppant. Cela permet surtout de porter attention à de larges secteurs de la réalité que le monde moderne s'abstient de considérer. Ce qui constitue peut-être l'apport principal de la réflexion de Vadeboncœur sur la modernité, c'est le rappel de l'existence d'un inconnu que l'art et l'amour nous révèlent dans leur langage particulier. Le nihilisme moderne a appelé néant cet inconnu. Il croit que rien n'existe au-delà de ce que peuvent atteindre la science et les techniques nouvelles. Vadeboncœur croit au contraire que la partie la plus précieuse et la plus réelle du monde est celle qui se situe au-delà de cette réalité.

Tout au long de son œuvre, Vadeboncœur n'a cessé de proclamer son admiration pour Borduas. C'est que cet artiste est pour lui l'exemple parfait du créateur dont la vocation n'est pas de se soumettre aux contraintes culturelles ou sociales mais de faire apparaître une réalité nouvelle, de participer à la manifestation de l'être. L'art n'est pas la politique, mais au-delà de la politique, « l'art, qui éclaire tout, nous enseigne pourtant que seul, en définitive, l'imprévu arrive, la réussite comme l'échec » (*Indépendances*, p. 61). Peut-être « l'art, qui est voyant » (*Ibid.*, p. 57), nous permet-il de saisir le véritable enjeu de l'histoire qui transcende l'arène politique et le mécanisme des structures.

Ce qui est certain, c'est que l'art est un correctif au grégarisme envahissant de la société actuelle. Dans *L'Autorité du peuple* déjà, Vadeboncœur écrivait : « Aussi le salut, dans la culture non-chrétienne et non révolutionnaire contemporaine apparaît-il comme un destin individuel, dont le prototype est celui de l'artiste, le non-sceptique par excellence, qui nous donne du salut de l'homme une figure chargée d'enseignements » (*L'Autorité du peuple*, p. 66). [64] L'art nous permet de vivre dans le monde sans être possédé par lui. Il nous empêche d'être une chose. Il ne met pas « à part de l'existant », il donne au contraire « plus d'être ». Il permet d'accéder « à des faits d'un autre ordre ». Il permet de pénétrer « dans le merveilleux envers caché qui serait en vérité l'endroit de tout ce qui existe » (*L'Absence*, p. 21).

C'est ce qui explique que la fréquentation assidue de l'œuvre de Vadeboncœur est un exercice privilégié de liberté. Vadeboncœur n'est pas

---

64. Dans *La Crise de la culture*, p. 257, Hannah Arendt écrit : « le dernier individu à demeurer dans une société de masse semble être l'artiste. »

un théoricien. Il n'est pas seulement un penseur, il est un écrivain, un artiste, et sa forme en elle-même constitue déjà une victoire sur la dégradation de l'humain qu'il dénonce. Son œuvre nous révèle une dimension de l'être à laquelle nous sommes trop souvent inattentifs. « C'est ce qui fait les artistes, les écrivains. Ils s'émeuvent du monde, ils s'émeuvent de ce qui ne les concerne pas premièrement et directement. Ils entendent les échos. Devant l'univers, ils vibrent à l'émotion qu'ils y perçoivent. Ils ne sont pas tout d'une pièce et enclos dans leur propre sphère seulement. Leur âme a quelque chose d'universel. Ils font écho à l'univers. Leur cœur est multiple » (*Dix-sept tableaux d'enfant*, p. 49).

NOTICE BIBLIOGRAPHIQUE
(Cette notice n'est pas exhaustive, mais plutôt descriptive)

Collaboration à divers périodiques

(Cette partie s'inspire directement des notes biographiques placées dans *Gouverner ou disparaître*, p. 259-269)

Pierre Vadeboncœur, au début de sa vingtaine, commence à publier dans des revues et des journaux. C'est en 1945, dans le numéro de juin de *La Nouvelle relève*, qu'il publie «La Joie», et ce texte sera repris dans son premier livre, *La Ligne du risque*, en 1963.

En 1949-1950, il travaille pendant de brèves périodes dans des journaux comme rédacteur ou traducteur : *La Patrie*, *Le Petit journal*, *Le Canada*, et, en 1950, il reste six mois à l'agence Press News, filiale de Canadian Press. Puis il est de la première aventure journalistique de Pierre Péladeau, lequel, ayant acheté *Le Journal de Rosemont*, feuille de quartier, lui confie le poste de rédacteur en chef et seul rédacteur.

En 1951, il collabore à *Cité libre*. Il publiera une bonne quinzaine d'articles dans cette revue dont il fera partie du comité de rédaction. Son dernier article dans cette revue est de 1963.

En 1960, il publie un article sur le syndicalisme américain dans le nº 1X des *Écrits du Canada français*. En 1962, il donne *La Ligne du risque* dans la revue *Situations*. Ces deux articles seront repris dans son premier livre, en 1963. Il a publié sept articles dans la revue *Situations*, de 1959 à 1962.

De 1971 à 1974, il fait partie du comité de rédaction de la revue *Maintenant*, dirigée par le P. Vincent Harvey, puis, après le décès de ce dernier, par Hélène-Pelletier Baillargeon. Il a publié une quinzaine de textes dans cette revue.

En 1977, il a travaillé pendant un an à l'hebdomadaire *Le Jour*, qui a succédé au quotidien du même nom, sous la direction d'Évelyn Dumas.

À partir de 1981, il collabore régulièrement à la revue *Liberté* où, à partir de 1988, il tient une chronique sur l'art.

En 1991 et 1992, il écrit plusieurs articles préréférendaires dans *Le Devoir*.

Depuis plusieurs années, il écrit régulièrement une page dans *Nouvelles CSN*. Il y traite de problèmes d'actualité, de culture, de la vie syndicale.

Les articles de Vadeboncœur publiés dans des journaux et des revues donnent un nombre de pages considérable. Certains de ces articles ont été repris dans quelques-uns de ses volumes avec des textes inédits. La liste complète de tous ces textes est encore à dresser et dépasserait de toute façon les limites que nous nous sommes fixées dans ce travail.

Livres de Pierre Vadeboncœur

La ligne du risque, essais, HMH, 1963. Réédité en 1977 par HMH, avec une préface de François Ricard. Réédité de nouveau en 1993, dans la Collection du Nénuphar, chez Fides. Ce livre comprend six articles déjà publiés, dont celui qui lui donne son titre. C'est à l'édition de 1977 que nous nous référons dans ce travail.

L'Autorité du peuple, essais, aux éditions de l'Arc, 1965. Réédité en 1977 par HMH, avec une préface de François Ricard. Un recueil de pamphlets et d'essais inspirés des situations et d'un humanisme politiques, sociaux et syndicaux. Dans ce travail, nous nous référons à la première édition.

Lettres et colères, Parti pris, 1969. Un recueil d'essais et d'articles de nature politique et sociale.

Un amour libre, récit, HMH, 1970. Traite d'enfance et de paternité.

La Dernière heure et la première, L'Hexagone/Parti pris, 1970. Ce texte sera repris dans *Gouverner ou disparaître*, avec quelques modifications mineures. L'auteur expose les raisons de son option indépendantiste. Nous nous référons ici à l'édition de 1970.

Indépendances, essai philosophique, L'Hexagone/Parti pris, 1972. Un essai qui porte sur toutes les indépendances, « celle de la nouvelle culture et de la jeunesse notamment ».

Un génocide en douce, L'Hexagone/Parti pris, 1976. « Recueil d'essais, de pamphlets, d'articles et de portraits satiriques autour de la question de l'indépendance nationale ».

Chaque jour, l'indépendance, Leméac, 1977. Recueil d'articles parus dans *Le Jour* hebdomadaire sur la question politique.

Les Deux royaumes, L'Hexagone, 1978. Deuxième édition par Éditions Typo, 1992. La note biographique de *Gouverner ou disparaître* indique : « Tournant majeur dans la carrière de l'écrivain… C'est pour lui une sorte de rentrée dans la littérature, dans l'art ».

To be or not to be, that is the question, L'Hexagone, 1980. Recueil d'essais et de pamphlets, autour de la question référendaire.

Trois essais sur l'insignifiance, L'Hexagone, 1983. *Trois essais sur l'insignifiance*, suivis de *Lettres à la France*, Paris, Albin Michel. Cette dernière édition est reprise par L'Hexagone en 1989. Réflexion sur quelques aspects de la modernité.

L'Absence, Essai à la deuxième personne, Boréal, 1985. Une suite d'essais sur l'amour, sur l'art, l'esprit.

Essais inactuels, Boréal, 1987. Ouvrage composé d'essais littéraires et philosophiques dont la plupart ont d'abord paru dans la revue *Liberté*.

Essai sur une pensée heureuse, Boréal, 1989. Réflexion sur l'amour.

Souvenirs pour demain, 1990. Sorte d'album publié par les soins de la CSN. Il y raconte de nombreux souvenirs de syndicalisme et trace les portraits de plusieurs militants.

Dix-sept tableaux d'enfant, Le Jour, 1991. C'est un livre d'art inspiré par les œuvres d'une de ses filles quand elle était enfant.

Le Bonheur excessif, Bellarmin, Coll. L'Essentiel, 1992. Essai sur l'amour.

Gouverner ou disparaître, Typo Essais, 1993. Note de l'auteur, p. 257 : « Ce livre réunit les principaux textes nationalistes de l'auteur, dont le texte intégral et révisé de l'ouvrage, *La dernière heure et la première*, ainsi que d'autres textes, extraits des ouvrages suivants : *Indépendances*, *Un génocide en douce*, *To be or not to be, that is the question*.

Ce livre comprend en outre, comme introduction, un grand texte inédit qui donne son titre à l'ouvrage.

Enfin, on y trouve, réunis pour la première fois en volume, les articles publiés par l'auteur dans *Le Devoir* au cours des deux ans qui ont précédé le référendum de 1992, ainsi qu'un article paru cette année-là dans la revue *Liberté* ».

Écrits sur Pierre Vadeboncœur

En collaboration, *Un homme libre*, Leméac, 1974.

En collaboration, *Les deux royaumes de Pierre Vadeboncœur*, *Liberté*, no 126, novembre-décembre 1974, p. 5-66.

Arbour, Rose Marie, « Vadeboncœur et le féminisme », *Possibles*, vol. 8, n° 1, 1983, p. 181-189.

Basile, Jean, « Pierre Vadeboncœur, Revenir à l'enfance de l'art », *Le Devoir*, 15 juin, 1991.

Beaudin, René, « L'autorité du peuple, essais de Pierre Vadeboncœur », *Dictionnaire des œuvres littéraires du Québec, IV*, 1960-1969, Fides, 1984, p. 72-73.

Beaudoin, Réjean, « *Le livre d'un lecteur : l'espace critique* », *Liberté*, n° 126, novembre-décembre 1979, p. 40-46.

Beaudoin, Réjean, « Indépendances, essai de Pierre Vadeboncœur », *Dictionnaire des œuvres littéraires du Québec, V*, 970-1975, p. 429-430.

Beaudoin, Réjean, « Pierre Vadeboncœur et la nouvelle culture », dans *Un homme libre*, p. 61-71.

Beaulieu, Victor-Lévy, « Autopsie d'un événement manqué », *Le Devoir*, 18 décembre, 1976.

Beaulieu, Victor-Lévy, « Pour saluer Pierre Vadeboncœur », *Liberté*, vol. 12, nº 4, 1970, p. 3-10.

Bélanger, Henri, « Vadeboncœur et la découverte du peuple », *Livres et auteurs québécois 1970*, PUL, Québec, 1971, p. 215-221.

Belleau, André, « Un discours crépusculaire », *Voix et images*, vol. 111, nº 1, septembre 1977, p. 154-156.

Bertrand, André, « L'Autorité du peuple », *Livres et auteurs québécois 1965*, Montréal, 1966, p. 144.

Biron, Michel, « Etre absolument classique », *Spirale*, nº 8, septembre 1987.

Blain, Maurice, « La Ligne du risque, démission et renaissance de l'esprit révolutionnaire », dans *Approximations*, essais, Coll. Constantes, HMH, 1967, p. 237-243.

Blouin, Jean, « L'Indépendance à cœur perdu », *L'Actualité*, octobre 1979.

Boivin, Aurélien, Propos recueillis par, *Québec français*, hiver 1992, nº 84, p. 75-76.

Bourque, Gilles, « Pierre Vadeboncœur, Chaque jour l'indépendance », *Livres et auteurs québécois 1978*, PUL, Québec, 1979, p. 297-298.

Cantin, Pierre, « Pierre Vadeboncœur : Le désir de réécrire l'histoire », *Lettres québécoises*, nº 7, août-septembre 1977, p. 37-39.

Cellard, Jacques, « Une réflexion sur notre temps », *Liberté*, nº 126, novembre-décembre 1979, p. 7-11.

Dubois, Richard, « Pierre Vadeboncœur », dans *Relations littéraires*, Fides, 1992, p. 143-145.

Ethier-Blais, Jean, « Pierre Vadeboncœur pratique « L'Amour libre » », *Le Devoir*, 20 juin 1970.

Ethier-Blais, Jean, « Le vrai penseur, un beau matin, prend son bâton de pélerin », *Le Devoir*, 9 mai 1987.

Ferron, Marcelle, « A la défense de Vadeboncœur », *Possibles*, vol. 8, n° 2, hiver 1984, p. 187-190.

Gadbois, Vital, « Lire Pierre Vadeboncœur », *Québec français*, n° 51, octobre 1983.

Gaudet, Gérald, « Pierre Vadeboncœur. Un bagarreur saisi par la beauté », Entretien, *Lettres québécoises*, n° 48, hiver 87-88, p. 12-17.

Gaudet, Gérald, « La Pensée comme une confidence », *Le Devoir*, 2 novembre 1985.

Gauvin, Lise, « Pierre Vadeboncœur, La royauté de l'écrit », *Le Devoir*, 17 février 1979.

Hébert, François, « Malraux et Vadeboncœur, frères », dans *Un homme libre*, p. 43-56.

Lafrenière, Suzanne, « Trois essais sur l'insignifiance », *Le Droit*, 25 juin 1983.

Lalonde, Michèle, « Pierre Vadeboncœur, Prix David, Le simple honneur de parler », *Le Devoir*, 11 décembre 1976.

Lévesque, René, « … cet esprit lucide, fatigant, toujours en mouvement… » dans *Un homme libre*, p. 19-21.

Mailhot, Laurent, « D'un amour libre à un pays libéré ou de l'autorité de l'enfant à celle du peuple », *Livres et auteurs québécois* 1970, PUL, 1971, p. 38-43.

Major, André, « Pierre Vadeboncœur, un socialiste de condition bourgeoise », dans *Un homme libre*, p. 9-18.

Major, André, « Vivre autrement (En marge d'*Indépendances*) », dans *Un homme libre*, p. 57-60.

Marcel Jean, « Gloses et notules dans les marges des *Deux royaumes* de Pierre Vadeboncœur », dans *Pensées, passions et proses*, Essais littéraires, L'Hexagone, 1992, p. 186-189.

Marcotte, Gilles, « Pierre Vadeboncœur, prophète et pamphlétaire de la *Ligne du risque* », *La Presse*, 14 décembre 1963.

Marcotte, Gilles, « Trois essais sur le bon vieux temps », *L'Actualité*, juin 1983, p. 103-105.

Marcotte, Gilles, « Une sorte de chef-d'œuvre », *L'Actualité*, mars 1986.

Marcotte, Gilles, « Ferron, Vadeboncœur et cie », *L'Actualité*, septembre 1987.

Marcotte, Gilles, « Un paumé, une enfant et la réalité brute », *L'Actualité*, 15 septembre 1991.

Marcotte, Gilles, « La verbosité et son antipode », *L'Actualité*, mars 1993.

Martel, Réginald, « Et si l'homme traqué était encore intact ? », *La Presse*, 13 janvier 1973.

Martel, Réginald, « Ou se lancer dans l'histoire ou en sortir », *La Presse*, 27 avril 1970.

May, Cedric, « Un amour libre, récit de Pierre Vadeboncœur », *Dictionnaire des œuvres littéraires du Québec,* V, 1970-1975, p. 893-894.

Ouellet, Pierre, « La Pensée heureuse », *Mœbius*, 45, Été 1990.

Ouellet, Pierre, *Chutes, la littérature et ses fins*, L'Hexagone, Essais littéraires, 1990.

Paquette, Jean-Marcel, « La dernière heure et la première, essai de Pierre Vadeboncœur », *Dictionnaire des œuvres littéraires du Québec*, V, 1970-1975, Fides, 1987, p. 231-232.

Poulin, Gabrielle, « Aux confins des deux royaumes », *Lettres québécoises*, nº 15, août-septembre 1979, p. 35-37.

Quesnel, Pierre, « Le Mal américain, ou la mort de la pensée » *Le Devoir*, 11 mars 1983.

Ricard, François, « Pierre Vadeboncœur ou notre maître l'inconnu », dans *Un homme libre*, p. 23-41.

Ricard, François, « Où est le deuxième royaume ? » *Liberté*, n° 126, novembre-décembre 1979, p. 33-39.

Rivard, Yvon, « Un amour libre ou l'expérience de l'image », dans *Un homme libre*, p. 87-96.

Rivard, Yvon, « La mort des dieux analogiques », *Liberté*, n° 126, novembre-décembre 1979, p. 47-58.

Roy, Jean-Marie, « Pierre Vadeboncœur et le roman américain », *Le Devoir*, 11 juin 1983, p. 21.

Roy, Jean-Yves, « Les deux regards », *Liberté*, n° 126, novembre-décembre 1979, p. 24-32.

Roy, Jean-Yves, « A propos d'indépendance (s) », *Maintenant*, février 1973.

Roy, Jean-Yves, « Pierre Vadeboncœur et le roman américain », *Le Devoir*, 11 juin 1983.

Roy, Paul-Émile, « Pierre Vadeboncœur et la modernité », *Dires*, vol. 2, n° 1, printemps 1984, p. 73-84.

Roy, Paul-Émile, « Pierre Vadeboncœur et le devoir d'indépendance », *L'Action nationale*, vol. LXXXIII, n° 7, septembre 1993, p. 978-991.

Royer, Jean, « Pierre Vadeboncœur, A la jeunesse de choisir l'avenir du Québec », *Le Devoir*, Cahier 3, 2 novembre 1985, p. 23 et 26.

Ryan, Claude, « Un essai séduisant sur l'idée d'indépendance », *Le Devoir*, 22 avril 1970.

Scully, Robert Guy, « Prix Duvernay 1971, Pierre Vadeboncœur, ou la génération calme », *Le Devoir* 22 janvier 1972.

Tremblay, Odile, « Pierre Vadeboncœur, Dans les tableaux d'un enfant », *Le Devoir*, 15 juin 1991.

Trottier, Pierre, « Baroque et trinité », *Liberté*, n° 126, novembre-décembre 1979, p. 12-18.

Vacher, Laurent-Michel, « Don Quichotte contre le Mal moderne », Trois Essais sur l'insignifiance, *Spirale*, avril 1983, p. 7.

Vallières, Pierre, « Indépendance : nous sommes un peuple beau », *Le Devoir*, 24 mars, 1973.

Vidricaire, André, « Les deux royaumes », *Livres et auteurs québécois 1978*, PUL, Québec, 1979, p. 299-302.

Vigneault, Robert, « De grandes démarches de salut », dans *Un homme libre*, p. 73-86.

Vigneault, Robert, « La Ligne du risque, essais de Pierre Vadeboncœur », *Dictionnaire des œuvres littéraires du Québec*, 1V, 1960-1969, Fides, 1984, p. 516-518.

Vigneault, Robert, « Lettres et colères, de Pierre Vadeboncœur », *Dictionnaire des œuvres littéraires du Québec*, 1V, 1960-1969, Fides, 1984, p. 511-512.

Vigneault, Robert, « Pierre Vadeboncœur : l'énonciation dans l'écriture de l'essai », *Voix et images*, vol. V11, n° 3, 1982, p. 531-552.

Vigneault, Robert, « Pierre Vadeboncœur : la promotion littéraire du dualisme », dans « L'Essai et la prose d'idées au Québec », *Archives des Lettres canadiennes*, tome 1V, Fides, 1985, p. 761-780.

Vigneault, Robert, « Trois essais sur l'insignifiance », *Lettres québécoises*, n° 31, automne 1983, p. 65-66.

Voisin, Marcel, « Pierre Vadeboncœur, poète de l'art et de l'enfance », *Québec français*, n° 84, hiver 1992, p. 77.

Autres ouvrages cités ou mentionnés dans ce livre

Arendt, Hannah, *La Crise de la culture*, Traduit de l'anglais sous la direction de Patrick Lévy, Gallimard, Folio Essais, 1972.

Aron, Raymond, *Mémoires*, Julliard, 1983.

Bibesco, Princesse, *Au bal avec Marcel Proust*, Gallimard, coll. L'Imaginaire, 1989.

Bloom, Allan, *L'Ame désarmée*, essai sur le déclin de la culture générale, traduction de Paul Alexandre, Julliard, 1987.

Burac, Robert, « Le Mythe de Péguy », *Le Magazine littéraire*, n° 305, décembre 1992, p. 42-45.

Brown, John, *Panorama de la littérature contemporaine aux États-Unis*, Coll. Le Point du jour, NRF, Paris, 1971.

Certeau, Michel de, *L'Étranger ou l'union dans la différence*, Paris, Desclée de Brouwer, Coll. Foi Vivante, 1969.

Cioran, *De l'inconvénient d'être né*, Gallimard, Folio, 1990.

Claudel, Paul, *Le Soulier de satin*, Gallimard, 1929.

Domenach, Jean-Marie, *Le Retour du tragique*, Éd. du Seuil, 1967.

Ferron, Madeleine, et Cliche, Robert, *Les Beaucerons ces insoumis*, HMH, 1974.

Frégault, Guy, *La Civilisation de la Nouvelle-France*, Coll. Le Nénuphar, Fides, 1969.

Fromentin, Eugène, *Les Maîtres d'autrefois*, Vienne, Manz, Éditeur, sans date d'édition.

Goethe, *Conversations de Gœthe avec Eckermann*, traduction de Jean Chuzeville, Coll. du Monde entier, Gallimard, 1988.

Mallarmé, Stéphane, *Œuvres complètes*, Coll. de la Pléiade, 1945.

Marcuse, Herbert, *L'Homme unidimensionnel*, Traduit par Monique Witting, Éd. de Minuit, Coll. Points, 1968.

Marcotte, Gilles, et Hébert, François, *Anthologie de la littérature québécoise*, vol. 111, La Presse, 1979.

Montaigne, *Œuvres complètes*, Coll. la Pléiade, 1962.

Péguy, Charles, *Prose* 1, Coll. la Pléiade, 1987.

Perroux, Charles, *La Coexistence pacifique*, vol. 111, PUF, Paris, 1958.

Proust, Marcel, *Contre Sainte-Beuve*, précédé de *Pastiches et mélanges*, et suivi de *Essais et articles*, Coll. la Pléiade, 1971.

Renan, Ernest, *Marc Aurèle ou la fin du monde antique*, Coll. Biblio essais, Le Livre de Poche, Librairie générale française, 1984.

Rilke, Rainer Maria, *Journaux de jeunesse*, traduits par Philippe Jaccottet, Coll. Points, Éditions du Seuil, 1989.

Roussel, Jean, *Péguy*, Classiques du vingtième siècle, Éditions Universitaires, 1963.

Roy, Claude, *Somme toute*, Gallimard, 1976.

Steiner, George, *Réelles présences*, Les arts du sens, traduit de l'anglais par Michel R. de Pauw, Coll. NRF essais, Gallimard, 1989.

Taylor, Charles, *Grandeur et misère de la modernité*, Montréal, Bellarmin, 1992.

Tresmontant, Claude, *La Doctrine morale des prophètes d'Israël*, Paris, Éditions du Seuil, 1958.

Weil, Simone, *Attente de Dieu*, Coll. Livre de vie, Fayard, 1977.

Weil, Simone, *La Pesanteur et la grâce*, Coll. Agora, Presses Pocket, 1991.

TABLE DES MATIÈRES

• Cap-Saint-Ignace
• Sainte-Marie (Beauce)
Québec, Canada
1995

«L'IMPRIMEUR»